Teología descolonizadora
Voz profética, solidaridad y liberación

Luis N. Rivera Pagán

Copyright © 2023 Luis Rivera Pagán

Publicado por Prediquemos Inc.

Email: correoprediquemos@gmail.com

Todos los derechos reservados.

El autor, Luis N. Rivera Pagán, se reserva todos los derechos de publicación de estos materiales. Queda prohibida cualquier forma de reproducción total o parcial, distribución, comunicación pública o transformación de esta obra sin la debida autorización del autor. Para solicitar los permisos correspondientes, contacte al autor.

ISBN: 979-8-9867726-5-3

Clasifíquese bajo:

Teología contemporánea

Historia de la Iglesia

CONTENIDO

Prólogo — 1

Iglesia, coloniaje y voz profética: Bartolomé de Las Casas a la sombra de la muerte — 3

Culto y cultura: La evangelización de los pueblos americanos — 35

La teología en los albores del siglo veintiuno — 65

La voz profética: Justicia, paz y reconciliación — 95

Entre el terror y la esperanza: Apuntes sobre la religión, la guerra y la paz — 115

Reino de Dios de paz con justicia: Reflexiones sobre Santiago — 139

Xenofilia o xenofobia: una teología ecuménica de la migración — 155

Nota sobre el autor — 169

PRÓLOGO

Desde hace varias décadas la teología descolonizadora, la voz profética, la solidaridad y los procesos de liberación han sido temas centrales y claves en mis estudios, escritos, acciones e ilusiones. En este libro los reitero.

El primer ensayo - "Iglesia, coloniaje y voz profética: Bartolomé de Las Casas a la sombra de la muerte" - procede de mis diversos y múltiples escritos sobre la conquista de los pueblos latinoamericanos por la Europa imperial. El segundo – "Culto y cultura: La evangelización de los pueblos americanos" – también ha sido tema central de mis investigaciones, ensayos y libros acerca de las diversas formas que ha asumido la religiosidad y la teología cristiana en el amplio y diverso mundo latinoamericano. El tercero – "La teología en los albores del siglo veintiuno", es fruto de mi interés en la amplia creatividad teológica desarrollada recientemente en diversas partes de nuestro universo. El cuarto – "La voz profética: justicia, paz y reconciliación" analiza temas críticos importantes en las elocuciones cruciales y centrales de las múltiples visiones teológicas sobre los conflictos que sufrimos y vivimos. El quinto – "Entre el terror y la esperanza: apuntes sobre la religión, la guerra y la paz" discute las divergencias académicas sobre la función de la religión y la teología en las múltiples tragedias bélicas que sufre la humanidad. El sexto – "Reino de Dios de paz con justicia: reflexiones sobre Santiago" es un análisis hermenéutico de ese peculiar y algo marginado texto del Nuevo Testamento. El séptimo – "Xenofilia o xenofobia: una teología ecuménica de la migración" lidia con un tema crucial en nuestro mundo contemporáneo: el intenso sufrimiento que padecen los migrantes que intentan ubicarse en un mundo de libertad, justicia y respeto.

Solo espero y deseo que estos ensayos contribuyan a la discusión teológica sobre estos temas importantes y cruciales.

Luis N. Rivera Pagán
Autor

IGLESIA, COLONIAJE Y VOZ PROFÉTICA: BARTOLOMÉ DE LAS CASAS A LA SOMBRA DE LA MUERTE

> "Grandísimo escándalo... es que... obispos y frailes y clérigos se enriquezcan y vivan magníficamente, permaneciendo sus súbditos recién convertidos en tan suma e increíble pobreza..."
>
> Bartolomé de Las Casas

Un paradigma fundacional

El 8 de mayo de 1512 tiene lugar un evento de excepcional significado en la historia de la iglesia católica caribeña e hispanoamericana. Ese día se firman, en la ciudad castellana de Burgos, las capitulaciones entre los reyes españoles y los primeros obispos de la iglesia a radicarse en América. Juana, monarca de Castilla y Fernando V, rey de Aragón y regente del gobierno castellano de su perturbada hija, acuerdan con Fray García de Padilla, a nombrarse obispo de Santo Domingo, Pedro Suárez de Deza, prelado episcopal de Concepción de la Vega, y Alonso Manso, primera autoridad eclesial de la Isla de San Juan Bautista (Puerto Rico), las normas a regir en la implantación de la iglesia cristiana en el Nuevo Mundo.[1]

---

[1] García de Padilla murió sin llegar a trasladarse a su sede, Alonso Manso llegó a Puerto Rico a fines de 1512 y Suárez de Deza arribó a la Española a principios de 1514.

Conocidas como las *Capitulaciones de Burgos*,[2] constituyen una primera regulación normativa de la iglesia en las tierras americanas en proceso de conquista y colonización por la Europa cristiana. Por acuerdo previo con la corona castellana, el papa Julio II, había decretado la formación de las tres primeras diócesis episcopales en el Nuevo Mundo [Santo Domingo, Concepción de la Vega, ambas en la Isla Hispaniola, y la Isla de San Juan Bautista (Puerto Rico)] mediante la bula *Romanus Pontifex*, emitida el 8 de agosto de 1511.[3] La corona, sin embargo, no permitió el acceso de los obispos nombrados a dichas diócesis hasta no lograr de ellos los compromisos formales que se expresan en las *Capitulaciones de Burgos*.

Respecto a la previsión jurídica de la iglesia en la América hispana, las *Capitulaciones de Burgos* revisten análogo papel al que

---

[2] En el Archivo General de Indias, patronato 1, ramo. 12. Se reproducen en Francisco Javier Hernáez, *Colección de bulas, breves y otros documentos relativos a la iglesia de América y Filipinas* (Bruselas: Imp. de Alfredo Vromant, 1879), vol. 1, 21-24; Manuel Giménez Fernández, "La política religiosa de Fernando V en Indias", *Revista de la Universidad de Madrid*, tomo 3, 1943, 173-182; Vicente Murga Sanz, *Cedulario puertorriqueño* (Río Piedras: Editorial de la Universidad de Puerto Rico, 1961), vol. 1, 123-127; y William Eugene Shiels, S. J., *King and Church: The Rise and Fall of the Patronato Real* (Chicago: Loyola University Press, 1961), 319-325. En fragmentos también en Alejandro Tapia y Rivera, *Biblioteca histórica de Puerto Rico, que contiene varios documentos de los siglos XVI, XVII y XVIII* (1854) (San Juan: Instituto de Literatura Puertorriqueña, 2da. ed. 1945), 161-162; y Cayetano Coll y Toste, *Boletín histórico de Puerto Rico* (San Juan: Tipografía Cantero Fernández & Co., 1920), vol. 7, 381-382, que en su forma de extractos proceden del septuagésimo quinto tomo de la colección de manuscritos del historiador español del siglo dieciocho don Juan Bautista Muñoz, según lo evidencia Vicente Murga Sanz en *Puerto Rico en los manuscritos de Juan Bautista Muñoz* (Río Piedras: Editorial de la Universidad de Puerto Rico, 1960), 76-77.

[3] Se reproduce, en versión castellana, en *Colección de documentos inéditos relativos al descubrimiento, conquista y organización de las antiguas posesiones españolas de América y Oceanía, sacados de los Archivos del Reino y muy especialmente del de Indias* (Joaquín F. Pacheco, Francisco de Cárdenas y Luis Torres de Mendoza, eds.) (Madrid: Imp. de Quirós, 1864-1884), vol. 34, 29-35. También en Shiels, *King and Church*, 316-319 (traducida al inglés en las páginas 118-121). En ambas reproducciones se prologa equivocadamente como "bula erigiendo las catedrales de Cuba, Puerto Rico y Santo Domingo", aunque este decreto papal nada afirma sobre Cuba.

tradicionalmente se le ha reconocido a las *Capitulaciones de Santa Fe* (17 de abril de 1492) con relación a la empresa colombina del descubrimiento del Nuevo Mundo: son textos que funcionan históricamente como paradigmas fundacionales.[4] Sorprende por eso el descuido general que las primeras han recibido de los historiadores, sobre todo de los eclesiásticos.

Entre los estudiosos católicos la atención ha sido mínima, a pesar de la obvia importancia de las *Capitulaciones* para la infancia de la iglesia romana americana. Félix Zubillaga, en un manual muy utilizado, dedica una sola página a resumirlas, sin esforzarse en ubicar su significado histórico.[5] Pedro Borges, en su historia de la iglesia hispanoamericana, reconoce su importancia, pero sin dedicarle el espacio analítico que merecen. Extraño es ese descuido en una obra cuyo autor privilegia la institución diocesana como la instancia en la que la iglesia queda "plena y definitivamente constituida."[6]

Enrique Dussel las menciona en sus pioneras obras sobre el episcopado latinoamericano, pero sólo destaca someramente en ellas el asunto de los diezmos;[7] igual restricción manifiesta Ronald Escobedo Mansilla, en su útil discusión de la economía de la iglesia

---

[4] El concepto de paradigma fundacional lo he tomado de Djelal Kadir, *Columbus and the Ends of the Earth: Europe's Prophetic Rhetoric as Conquering Ideology* (Berkeley, CA: University of California Press, 1992), 73.

[5] "Historia de la iglesia en la América del Norte española," en León Lopetegui y Félix Zubillaga, *Historia de la iglesia en la América española. Desde el descubrimiento hasta comienzos del siglo XIX. México. América Central. Antillas* (Madrid: Biblioteca de Autores Cristianos, 1965), 249.

[6] Pedro Borges (editor), *Historia de la iglesia en Hispanoamérica y Filipinas (siglos xv-xix)* (Madrid: Biblioteca de Autores Cristianos, 1992), vol. 1, 15.

[7] Las menciona brevemente en *El episcopado hispanoamericano. Institución misionera en defensa del indio, 1504-1620* (Cuernavaca: Centro Intercultural de Documentación, 1969-1970), vol. 2, 73 y vol. 4, 36-37. En sus obras posteriores se limita a repetir esas observaciones. Cf. *Historia de la iglesia en América Latina* (Barcelona: Editorial Nova Terra, 1972); *El episcopado latinoamericano y la liberación de los pobres (1504-1620)* (México, D. F.: Centro de Reflexión Teológica, 1979) e *Historia general de la iglesia en América Latina. Tomo I/1. Introducción general a la historia de la iglesia en América Latina* (Salamanca: CEHILA / Ediciones Sígueme, 1983).

americana colonial.⁸ Vicente Murga Sanz las reproduce en su cedulario puertorriqueño, pero en la provechosa introducción que lo acompaña se limita a señalar que en ellas, "se determina el sostenimiento económico de los obispos, clero e iglesias, entre otras cosas,"⁹ sin reconocer que en esa vaga expresión final se ocultan asuntos de mucha monta para la iglesia que nace en el Nuevo Mundo. En su importante tratamiento de los inicios de la colonización y cristianización de Puerto Rico, Murga Sanz las ignora totalmente.¹⁰ Antonio Cuesta Mendoza, Cristina Campo Lacasa y Johannes Meier aluden a ellas de pasada, sin reproducir su contenido ni, mucho menos, prestarle la atención que merecen.¹¹

El erudito español Álvaro Huerga resume las *Capitulaciones*, pero su intención apologética de defenderlas de las censuras dirigidas a ellas por Bartolomé de Las Casas le mutila el sentido crítico.¹² Extrañamente, Huerga no menciona el juicio, algo similar al de Las Casas, que Salvador Brau emite sobre las *Capitulaciones* en la breve síntesis que de ellas incorpora en su *opus magnum* sobre la colonización española de Puerto Rico.¹³ Hubiese sido algo a esperarse, por la actitud

---

⁸ "La economía de la iglesia americana", en Pedro Borges, *Historia de la iglesia en Hispanoamérica*, 99-135.

⁹ Cedulario puertorriqueño, xxxii.

¹⁰ *Juan Ponce de León: Fundador y primer gobernante del pueblo puertorriqueño* (2da. ed. revisada) (Río Piedras: Editorial de la Universidad de Puerto Rico, 1971).

¹¹ Antonio Cuesta Mendoza, *Historia eclesiástica del Puerto Rico colonial (1508-1700)* (Santo Domingo: Imprenta Arte y Cine, 1948), 27; Cristina Campo Lacasa, *Historia de la iglesia en Puerto Rico, 1511-1802* (San Juan: Instituto de Cultura Puertorriqueña, 1977), 33; Johannes Meier, "La historia de las diócesis de Santo Domingo, Concepción de la Vega, San Juan de Puerto Rico y Santiago de Cuba desde su inicio hasta la mitad del siglo xvii", en Johannes Meier et al, *Historia general de la iglesia en América Latina, IV: Caribe* (Salamanca: Ediciones Sígueme y Universidad de Quintana Roo, 1995), 25.

¹² Álvaro Huerga, *La implantación de la iglesia en el Nuevo Mundo* (Ponce: Universidad Católica de Puerto Rico, 1987), 42-44.

¹³ Salvador Brau, *La colonización de Puerto Rico, desde el descubrimiento de la isla hasta la reversión a la corona española de los privilegios de Colón* (1907)

defensiva de Huerga, cuya obra sobre Alonso Manso peca de confundir historiografía con hagiografía.

Los autores protestantes también las han ignorado. No se mencionan en la obra clásica de Kenneth S. Latourette sobre la expansión misionera de la iglesia,[14] ni en el extenso volumen sobre la historia del cristianismo en América Latina de Hans-Jürgen Prien.[15] Tampoco las trae a colación Justo González, en sus útiles investigaciones sobre la cristianización del Caribe y las Antillas.[16]

El único que se ha percatado de su decisivo significado histórico ha sido Manuel Giménez Fernández, quien en un iluminador ensayo certeramente entiende que las *Capitulaciones de Burgos* coronan la política religiosa y eclesiástica del Rey Católico para América. Pero, a su análisis textual le dedica pocas páginas[17] y deja fuera factores cruciales que permanecerían aún después de Fernando V. Además, esa sugestiva meditación de Giménez Fernández ha sido poco atendida e incluso injustamente descartada.[18]

Analicemos este importante documento que revela trazos, matices y dimensiones que demostrarán ser determinantes en la historia de la cristiandad colonial hispanoamericana. Su análisis textual revela la causa interesada de su descuido. El relato tradicional de la conquista y cristianización de América tiende sistemáticamente a encubrir y ocultar

---

(tercera edición anotada por Isabel Gutiérrez del Arroyo) (San Juan: Instituto de Cultura Puertorriqueña, 1966; 5ta. ed., 1981), 202-205.

[14] *A History of the Expansion of Christianity*. Vol. III: Three Centuries of Advance, A. D. 1500 - A. D. 1800 (New York: Harper & Brothers, 1939).

[15] *La historia del cristianismo en América Latina* (Salamanca: Ediciones Sígueme, 1985).

[16] *The Development of Christianity in the Latin Caribbean* (Grand Rapids, MI: William B. Eerdmans Publishing Co., 1969); *Y hasta lo último de la tierra: Una historia ilustrada del cristianismo*. Tomo 7: La era de los conquistadores (Miami: Editorial Caribe, 1980).

[17] "La política religiosa de Fernando V en Indias", 159-165.

[18] Huerga la llama "desorbitada", *La implantación de la iglesia en el Nuevo Mundo*, 45. También desde una óptica apologética intenta desacreditarla Charles-Martial De Witte, "Les bulles pontificales et l'expansion portugaise au xve siècle", *Revue d'histoire ecclésiastique*, vol. 53, 1958, 444.

eventos, documentos y testimonios que cuestionen lo que Arcadio Díaz Quiñones ha llamado la "política del olvido" de una "historia llena de silencios y ocultamientos."[19] El discurso académico hegemónico, como ha aseverado Boaventura de Sousa Santos, "tiende a preferir la historia del mundo tal y como es contada por los ganadores."[20]

El Patronato Real: La primacía del estado

Las *Capitulaciones* se inician con la referencia, omnipresente durante las primeras décadas de conquista y cristianización, a los decretos *Inter caetera* y *Eximiae devotionis* del papa Alejandro VI,[21] emitidos en 1493, que certifican la soberanía absoluta y perpetua de los monarcas de Castilla sobre las tierras americanas. Prosiguen señalando a otro pronunciamiento, también encabezado *Eximiae devotionis*, del mismo pontífice, esta vez del 1501,[22] que culmina esa autoridad política con la potestad de recaudar y controlar los diezmos eclesiásticos en el Nuevo Mundo. De esta manera, en el estilo de corrección jurídica que caracteriza al gobierno de Fernando V, se alude sumariamente a los

---

[19] *La memoria rota: Ensayos sobre cultura y política* (Río Piedras: Ediciones Huracán, 1993). Sobre los procesos y mecanismos de silenciamiento en la historiografía antillana, es significativo el libro sobre Haití, la gran marginada, de Michel-Rolph Trouillot, *Silencing the Past: Power and the Production of History* (Boston: Beacon Press, 1995). Sobre los intentos de silenciar la memoria de la presencia palestina en territorios ahora bajo la soberanía del estado de Israel, es útil el texto de Nur Masalha, *The Palestine Nakba: Decolonising History, Narrating the Subaltern, Reclaiming Memory* (London & New York: Zed Books, 2012).

[20] Boaventura de Sousa Santos, "Hacia una concepción multicultural de los derechos humanos", *El Otro Derecho* (ILSA Bogotá D.C, Colombia), núm 28, julio de 2002, 63.

[21] Se reproducen, en latín, por Shiels, *King and Church*, 283-289, y en traducción española, como apéndices a Bartolomé de Las Casas, *Tratados* (transcripción de Juan Pérez de Tudela Bueso y traducciones de Agustín Millares Calvo y Rafael Moreno) (México, D. F.: Fondo de Cultura Económica, 1965), 1281-1288.

[22] Original latino en Hernáez, *Colección de bulas, breves y otros documentos*, 20-21 y Shiels, *King and Church*, 294-295; traducción al inglés en ibid., 90-91.

fundamentos legales de la autoridad española en América y de la injerencia de la corona en el régimen eclesiástico americano.

Las *Capitulaciones* constituyen las normas que la corona impone como requisitos fundamentales para permitir a la iglesia funcionar en las tierras recién encontradas. Son un punto de partida de la transferencia del cuerpo eclesiástico a América, pero también acontecen al final de una intensa pugna entre el estado español y el papado por determinar el control de la nueva iglesia. El monarca, a pesar de enarbolar innumerables veces el estandarte evangelizador y misionero como razón de ser de la conquista y colonización de América, detuvo el establecimiento de la iglesia en el Nuevo Mundo y limitó las empresas misioneras hasta obtener de Roma las claves principales que permitiría a la corona castellana controlar decisivamente las instituciones eclesiásticas.[23] Durante las dos décadas iniciales de conquista y colonización, que probaron ser irreversiblemente trágicas para los nativos antillanos, la corte paralizó el desarrollo de la iglesia en América hasta lograr oficialmente su control.[24] La vicaría espiritual de fray Bernardo Boil no duró un año (el 22 de noviembre de 1493 llegó junto a Cristóbal Colón a la Española y la abandonó para nunca regresar el 29 de septiembre de 1494).[25] La obra proselitista de fray Ramón Pané fue escasa y poco

---

[23] Véase Enrique Dussel, Historia general de la iglesia en América Latina. Tomo I/1, 243-244.

[24] Según Giménez Fernández, al morir la reina Isabel a fines de 1504, "en las Indias no existían ni iglesias, ni conventos, ni obispos, ni conversos, y sólo apenas unos clérigos asalariados para las mínimas atenciones religiosas de los colonos." "La política religiosa de Fernando V en Indias", 132.

[25] Sobre él escribe Las Casas: "Este padre fray Buil llevó... poder del Papa muy cumplido en las cosas espirituales y eclesiásticas... pero como estuvo tan poco en la isla... ni ejercitó su oficio, ni pareció si lo tenía." *Historia de las Indias* (México, D. F.: Fondo de Cultura Económica, 1951), libro 1, capítulo 81, tomo 1, 344-345 [en adelante *H. I.*]. El "poder del Papa" se refiere a la bula *Piis fidelium* emitida por Alejandro VI el 25 de junio de 1493. Aunque Boil celebró la primera misa en tierra americana el 6 de enero de 1494, no parece haber tenido tiempo ni disposición alguna para el trabajo misionero. La anarquía que prevalecía en las colonias de ultramar, causada por la enorme distancia entre la fabulosa arcadia ensoñada, lista para ser saqueada, inicialmente descrita por Colón, y la

fértil.²⁶ A pesar de la retórica oficial evangelizadora, la cristiandad invasora no promovió muchas empresas misioneras durante las primeras dos décadas de descubrimiento y conquista.

El estado, gracias al apreciado **derecho de patronato real**,²⁷ fue el encargado de la promoción institucional de la iglesia en América. El reconocimiento papal de esta función protagonista fue norte de la política de Fernando V, continuada fielmente por sus sucesores. La rendición ante ella la inició Alejandro VI, en la bula *Inter caetera*, de mayo de 1493, cuando pone en las manos de la corona castellana la autoridad de enviar misioneros para adoctrinar y evangelizar a los nativos de las tierras encontradas por Cristóbal Colón. La prosigue el mismo pontífice en la ya mencionada bula *Eximiae devotionis* de 1501 y la consolidó el papa Julio II en la bula *Universalis ecclesiae*, de 1508,²⁸ en la que otorga a la corona la autoridad para erigir toda estructura eclesial (parroquias, monasterios y "lugares píos") y hacer presentación de quienes las dirigirían, bajo la supervisión continua del estado.

Esta matizada versión española del cesaropapismo se origina en la *Reconquista*, la multisecular guerra ibérica entre cristianos y moros. Escudada tras la alegada necesidad de unir los poderes políticos, militares y espirituales en la lucha contra los infieles sarracenos, la corona obtuvo del papado durante la Edad Media poderes excepcionales. El patronato real tiene origen, por consiguiente, en una concepción religiosa-militar. Es la batalla de la fe contra la infidelidad

---

realidad antillana, tampoco le permitió establecer un mínimo orden eclesial. Sus esfuerzos se disiparon en agrias disputas con el Almirante.

²⁶ Véase el texto en el que Pané relata sus experiencias con los nativos de las Antillas: *Relación acerca de las antigüedades de los indios* (ed. por José Juan Arrom) (México, D. F.: Siglo XXI, 1987).

²⁷ Sobre el patronato real es muy útil la citada obra del jesuita William E. Shiels (*King and Church: The Rise and Fall of the Patronato Real*), quien incluye los documentos pertinentes, en su idioma original (latín o español) con traducción inglesa, y los acompaña de prudentes interpretaciones.

²⁸ El original en Hernáez, *Colección de bulas, breves y otros documentos*, 24-25 y Shiels, *King and Church*, 310-313, quien lo traduce en 110-112. Sobre el origen y significado del patronato real, véase Pedro de Leturia, S. I. *Relaciones entre la Santa Sede e Hispanoamérica, 1493-1835* (Caracas: Sociedad Bolivariana de Venezuela; Roma: Universidad Gregoriana, 1959), vol. I, 1-48.

lo que exige la concentración de poderes. Y será la necesidad de unir esfuerzos para erradicar la infidelidad en los nuevos territorios ultramarinos lo que justificará la extensión y ampliación del derecho de patronato real: de las reconquistadas tierras de los islamitas, a las arrebatadas a los indígenas tildados de idólatras.

El patronato real conllevó la cesión a los monarcas españoles, por parte de Roma, del derecho a fundar iglesias, delimitar geográficamente las diócesis, presentar las mitras y beneficios eclesiásticos, percibir diezmos, escoger y enviar misioneros. Esa facultad de patronazgo eclesiástico la asumió la monarquía hispana con ahínco, haciendo en todo momento clara su autoridad sobre todos los asuntos del Nuevo Mundo, los espirituales tanto como los temporales, de manera tal que con cierta propiedad podría hablarse de un **regio vicariato indiano**.[29] Debates eclesiásticos de toda índole se remitían a la península ibérica, no a Roma, para dilucidarse. No es extraño, por ejemplo, que en la disputa entre el clero ordinario y los frailes mendicantes, un monje, al expresar al monarca su punto de vista, llame al rey Felipe II "lugarteniente en la tierra del Príncipe del cielo" y confíe para la solución del diferendo en el hijo de Carlos V, "cuyo remedio pende... del Real amparo y celo y patronazgo de V[uestra]. M[ajestad]."[30] Roma se marginó del centro decisional eclesial americano y aunque trataría de recuperar lo perdido, primero, desde 1566, con Pío V, y luego mediante la fundación en 1622 de la Sagrada Congregación para la Propagación de la Fe (*Sacra Congregatio de Propaganda Fide*), no lo obtendría íntegramente en toda la época colonial.[31]

Algunos estudiosos eclesiásticos, cuando escudriñan temas nucleares para la genealogía de su iglesia, confunden la historia con la apología. Ejemplo de este modo de proceder es el acrítico juicio de Cuesta Mendoza, para quien nada menos que la identidad cultural

---

[29] Véase Manuel Gutiérrez de Arce, "Regio patronato indiano (Ensayo de valoración histórico-canónica)", *Anuario de estudios americanos*, vol. 11, 1954, 107-168.

[30] Mariano Cuevas, *Documentos inéditos del siglo XVI para la historia de México* (México, D. F.: Editorial Porrúa, 1975), 398, 403.

[31] Pedro Borges, *Historia de la iglesia en Hispanoamérica*, 47-59. El nombre actual de esa comisión curial es Congregación para la Evangelización de los Pueblos.

hispanoamericana procede del patronato real: "[D]e esa especie de centralización eclesiástica es hija la homogeneidad en religión, lenguas y costumbres de los veinte pueblos hispanos de América..." En su devota opinión, la clarividencia real, al proveer obispos para Puerto Rico, nunca falló. "[L]a lista de los veinte prelados de Puerto Rico, durante la Casa de Austria, evidencia el acierto que en el ejercicio del patronato, mostraron los Reyes de España."[32] Para los hagiógrafos todo cuestionamiento es una crítica y toda crítica es anatema.

Probablemente sea cierto lo aseverado por algunos historiadores, que el patronato real permitió a la corona española promover el impresionante crecimiento de la iglesia. Durante el primer siglo de colonización, el estado español creó y subsidió en América seis provincias eclesiásticas, treinta y dos diócesis, sesenta mil iglesias y cuatrocientos monasterios.[33] Pero, el factor primario en la consideración de los monarcas, desde Fernando V hasta el último de los borbones en regir sobre territorio latinoamericano, fue el tener en las manos las riendas del poder colonial, incluido el potencialmente retador ámbito espiritual y religioso.

De aquí surge una extraña paradoja. Aunque los juristas de la corona citan continuamente los decretos papales pertinentes para fundamentar la jurisdicción castellana sobre América, lo hacen desde una perspectiva estatal centralizadora y absolutista. Es un papalismo máximo al nivel retórico y un regalismo máximo al nivel del auténtico poder. La corona llega incluso a pretender controlar la relación entre el papado y la iglesia americana mediante el llamado *pase regio*. Este prohíbe toda comunicación directa entre la cristiandad americana y el papa y su objetivo es evitar que la iglesia pueda actuar con autonomía y convertirse en un potencial desafiador del régimen.

Citemos un ejemplo destacado. Cuando, el papa Pablo III, alertado por voces proféticas, intervino en el espinoso drama de la servidumbre del americano, mediante la bula *Sublimis Deus* y el breve *Pastorale*

---

[32] *Historia eclesiástica del Puerto Rico colonial*, 44.

[33] Joseph Höffner, *La ética colonial española del siglo de oro: Cristianismo y dignidad humana* (Madrid: Ediciones Cultura Hispánica, 1957), 423.

officium,³⁴ de 1537, insistiendo en la racionalidad, capacidad para la conversión y libertad natural de los nativos, Carlos V se enfrentó al Sumo Pontífice y le forzó a retirarse de la palestra.³⁵ El punto principal de contención para el emperador no era el contenido teológico del escrito papal, sino el intento de Roma de intervenir como poder espiritual autónomo en los asuntos indianos. Con lo cual, sin embargo, no pudo evitar que la bula indiófila de Pablo III se convirtiese en uno de los documentos más importantes en favor de la libertad humana en toda la historia de la cristiandad.

Las *Capitulaciones de Burgos* son, por consiguiente, prólogo del enlace estrecho entre iglesia y estado, religión y política, que marcaría indeleblemente a la cristiandad colonial hispanoamericana. La alianza entre el estado y la iglesia forjó obstáculos insalvables para la iglesia al llegar la hora de la emancipación política. El vínculo entre el estado metropolitano y la iglesia jerárquica se endureció en el crujir de las luchas independentistas, lo cual llevó al papa Pío VII a promulgar en 1816 el breve *Etsi longissimo*³⁶ en el que exhortaba al clero hispanoamericano a sostener "con el mayor ahínco la fidelidad y obediencia debidas a vuestro Monarca, es decir, a nuestro carísimo hijo en Jesucristo, Fernando, Vuestro Rey Católico," y "a no perdonar esfuerzo para desarraigar y destruir completamente la funesta cizaña de alborotos y sediciones", justo en el momento en que las mejores mentes y corazones latinoamericanas se volcaban en un frenesí emancipador contra el monarca español, Fernando VII, quien dos años antes había disuelto las Cortes de Cádiz y ahogado sus aspiraciones constitucionalistas.

Estas conminaciones no pudieron evitar el surgir de curas parroquiales como el mexicano Miguel Hidalgo y Costilla, quien en el

---

³⁴ Sublimis Deus se reproduce en Cuevas, *Documentos inéditos del siglo XVI*, 499-500 (latín) y 84-86 (español); *Pastorale officium* en Hernáez, *Colección de bulas, breves y otros documentos*, 101-102.

³⁵ Cf. Lewis Hanke, "Pope Paul III and the American Indians," *Harvard Theological Review*, vol. 30, 1937, 65-102 y Gustavo Gutiérrez, "Las Casas y Paulo III", *Páginas* (Lima), vol. 16, no. 107, febrero de 1991, 33-42.

³⁶ Se reproduce en Pedro de Leturia, S. I., "La encíclica de Pío VII (30 de enero de 1816)", *Anuario de estudios americanos*, vol. 4, 1947, 506-507 (latín) y 461-462 (español).

famoso *Grito de Dolores* enlazó audazmente su fe y su conciencia nacional, clamando contra la jerarquía hispanófila que lo excomulgaba: "Ellos no son católicos, sino por política; su Dios es el dinero... sólo tienen por objeto la opresión. ¿Creéis acaso que no puede ser verdadero católico el que no está sujeto al déspota español?"[37] Pagó con su vida tan atrevido desafío.[38]

Una iglesia blanca y colonial

Algunas normas de las *Capitulaciones* se refieren a cánones y hábitos eclesiásticos, de obvio origen europeo y occidental. Estipulan que todo sacerdote ordenado sea diestro en el latín. Entran en minucias de la etiqueta apropiada de un clérigo, como su corte de cabello – "que traigan corona abierta, tan grande como un real castellano al menos; y el cabello de dos dedos, bajo la oreja" - y su vestidura, sea su longitud – "que sea la ropa tan larga que al menos con un palmo llegue al empeine del pie..." - o su color - que no sea "deshonesto". Son tradiciones y costumbres de origen europeo, como lo revela la longitud de la ropa clerical, tan fuera de tono con el tropical clima caribeño al que se enfrentarían los prelados. Bien precisa el erudito español Antonio García y García que se intenta constituir una iglesia americana "a imagen y semejanza de la que existía contemporáneamente en Europa."[39] Las *Capitulaciones* también tocan asuntos de gobierno eclesiástico como la relación entre los episcopados americanos y el

---

[37] "Manifiesto del Sr. D. Miguel Hidalgo y Costilla" en Enrique D. Dussel, *Religión* (México, D. F.: Editorial EDICOL, 1977), 201. Cf. Karl M. Schmitt, "The Clergy and the Independence of New Spain," *The Hispanic American Historical Review*, 1954, vol. 34, 289-312.

[38] La victoria de los movimientos emancipadores no puso coto a la exigencia estatal de patronato eclesiástico. Los nuevos gobiernos republicanos lo reclamaron con ahínco similar al trono castellano. La diferencia es que mientras los reyes españoles lo fundaban en el *motu propio* papal como los Austrias o en el derecho divino monárquico como los borbones, los regentes políticos de las nuevas entidades estatales lo establecen sobre el principio de la soberanía popular. Con ello, sin embargo, renuncian las repúblicas latinoamericanas a liberar el asfixiante lazo colonial entre la iglesia y el estado. Cf. Prien, *La historia del cristianismo en América Latina*, 394-395.

[39] "Organización territorial de la iglesia", en Pedro Borges, *Historia de la iglesia en Hispanoamérica*, 139.

Arzobispado de Sevilla, considerado este último como "Metropolitano de las Iglesias y Obispados de las dichas Islas", estructura de mando que prevaleció hasta 1546, cuando se constituyeron las archidiócesis de Santo Domingo, México y Lima.

De mayor importancia por sus decisivas consecuencias para la composición étnica y cultural de la iglesia americana es la regla que se refiere a los puestos eclesiásticos. Estos deben proveerse exclusivamente "a hijos legítimos de los vecinos y habitadores, que hasta agora, e de aquí adelante han pasado o pasaren destos reinos a poblar en aquellas partes, y de sus descendientes, y no a los hijos de las naturales de ellas..." Con ello se da el primer paso decisivo para asentar jurídicamente la hegemonía en la iglesia hispanoamericana colonial de los estratos sociales blancos y de descendencia europea, marginando a nativos y mestizos.[40] En el fondo de la cuestión se vislumbra un hondo y arraigado menosprecio etnocéntrico de la cultura y la racionalidad de

---

[40] Los hermanos Perea se enmarañan en un laberinto exegético de su propia manufactura al pretender que este postulado "excluía tanto a los españoles peninsulares como a los indios puros, pero no a los mestizos." De haber querido la corona castellana impedir que peninsulares ocupasen los beneficios eclesiásticos lo hubiese regulado con la misma meridiana claridad conque estipuló la exclusión de los nativos. Los Perea tropiezan con el obvio obstáculo a su interpretación de que algunos episcopados por mucho tiempo fueron ocupados por peninsulares. En respuesta, enredan más el asunto al añadir: "tal estipulación tenía solo carácter previsivo, pues no era desde luego susceptible de cumplimiento inmediato." En el caso que les interesa, el de Puerto Rico, ¡ese futuro tardaría más de tres siglos en concretizarse! El primer obispo nacido en suelo puertorriqueño, y el único durante los cuatro siglos de dominio español en la isla, sería Juan Alejo Arizmendi y de la Torre, consagrado a ese puesto en 1804 (lo ocupó hasta su muerte en 1814) [Puerto Rico no volvería a tener un obispo nativo hasta la consagración de Luis Aponte Martínez como obispo auxiliar de Ponce en octubre de 1960 y luego, en 1964, arzobispo de San Juan]. Tampoco evidencian los Perea su hipótesis de que la norma excluyente de "hijos de los naturales" posibilite la nominación de mestizos. La práctica eclesiástica, libre de velos apologéticos, fue ciertamente otra. Juan Augusto y Salvador Perea, *Early Ecclesiastical History of Puerto Rico, With Some Account of the Social and Political Development of the Island During the Episcopate of Don Alonso Manso, The First Bishop in the New World (1513-1539)* (Caracas: Tipografía Cosmos, 1929), 21; *Orígenes del episcopado puertorriqueño* (San Juan: Imp. Cantero Fernández & Co., Inc, 1936), 16; y, *Revista de historia de Puerto Rico*, vol. 1, no. 1, agosto de 1942, 92.

los pueblos autóctonos.[41] Es una característica central de lo que Aníbal Quijano ha tildado "colonialidad del poder",[42] aunque el insigne intelectual peruano haya prestado poca atención a las legitimaciones teológicas y eclesiásticas de esa estructura de dominio tan arraigada en América Latina.

Lo que para Robert Ricard, en su obra clásica acerca de la evangelización por las órdenes mendicantes en la Nueva España,[43] constituye la "flaqueza capital" de ese proceso, la división en el seno de la iglesia entre un clero y una jerarquía de tez blanca y cultura hispana y un pueblo feligrés de piel trigueña y lenguas nativas, es, cosa que el erudito francés no parece notar, defecto congénito en el nacimiento de la institución eclesiástica en el Caribe. No me parece suficiente la hipótesis de Ricard de que la falla de los misioneros, a quienes admira por su devoción y espíritu de sacrificio, procede de una noción negativa de la religiosidad nativa que les impide apreciar las posibles contribuciones que ésta puede aportar a la nueva cristiandad. Ricard no percibe, por reducir su estudio a lo exclusivamente religioso

---

[41] El menosprecio de la cultura y la racionalidad de los pueblos indígenas caribeños va íntimamente ligado a los sistemas de servidumbre que se le impusieron. Véase Luis N. Rivera Pagán, "Freedom and Servitude: Indigenous Slavery in the Spanish Conquest of the Caribbean." *General History of the Caribbean. Volume I: Autochthonous Societies*, edited by Jalil Sued-Badillo (London: UNESCO Publishing and Macmillan Publishers, 2003), 316-362.

[42] Aníbal Quijano, "Colonialidad del poder, cultura y conocimiento en América Latina", *Anuario Mariateguiano*, 9, núm. 9, 1998, 113-121; "The Colonial Nature of Power and Latin America's Cultural Experience," en R. Briceño & H. R. Sonntag, *Sociology in Latin America (Social Knowledge: Heritage, Challenges, Perspectives)*, Proceedings of the Regional Conference of the International Association of Sociology (Caracas, 1998), 27-38; "Coloniality of Power, Eurocentrism, and Latin America," *Nepantla*, No. 3, 2000, 533-580. Son valiosas las reflexiones sobre el concepto de colonialidad que se sugieren en Walter D. Mignolo, *Local Histories/Global Designs: Coloniality, Subaltern Knowledges, and Border Thinking* (Princeton: Princeton University Press, 2000) y Mabel Moraña, Enrique Dussel y Carlos A. Jáuregui, eds., *Coloniality at Large: Latin America and the Postcolonial Debate* (Durham, NC: Duke University Press, 2008).

[43] *La conquista espiritual de México. Ensayo sobre el apostolado y los métodos misioneros de las ordenes mendicantes en la Nueva España de 1523-24 a 1572* (México, D. F.: Fondo de Cultura Económica, 1986).

y negarse a ampliar el ámbito teórico e ideológico de su pesquisa crítica, la dificultad estructural que representaría el forjar una iglesia autóctona en un contexto de dependencia colonial y étnica.

Capta Ricard cabalmente, éste es su mérito, que en la batalla contra el culto indígena, tildado de idolátrico y diabólico, los frailes misioneros, a pesar de su entrega a la promoción espiritual de las comunidades nativas, terminan, aún sin quererlo, enfrascados en guerra contra la cultura indígena, por el vínculo íntimo que en los pueblos americanos enlazan el culto y la cultura.[44] Logra además, este insigne erudito francés, entender el carácter colonial de la cristiandad que se va estableciendo en las Américas, al forjar una división tajante entre un clero hispano y una feligresía indígena y mestiza.

> "La Iglesia mexicana, como la del Perú... resultó una fundación incompleta. O mejor dicho, no se fundó una iglesia mexicana, y apenas se sentaron las bases para una Iglesia criolla; lo que se fundó, ante todo y sobre todo, fue una Iglesia española, organizada conforme al modelo español, dirigida por españoles y donde los fieles indígenas hacían un poco el papel de cristianos de segunda categoría... No fue una Iglesia nacional; fue una Iglesia colonial... Este error impidió que la Iglesia mexicana arraigara hondamente en la nación y le dio el aspecto de una institución extranjera que se mantenía en estrecha dependencia de la metrópoli."[45]

Nadie como Ricard ha expresado tan bien esa pugna interior que imparte el agónico carácter contradictorio a los escritos de fray Bernardino de Sahagún, para mencionar el caso de mayor resonancia, cuya obra es quizá el buceo más profundo en la vida cultural náhuatl intentado por los españoles en el siglo dieciséis. Sahagún se acerca a comprender la trágica paradoja de la degeneración espiritual y moral que quizá había provocado la evangelización de los nativos americanos, en su emotiva nota "relación del autor digna de ser notada", que se permite, a manera de lamento, insertar en su obra principal *Historia*

---

[44] Sobre este asunto clave, puede consultarse mi ensayo "Identidad y dignidad de los pueblos autóctonos: un desafío para los cristianismos latinoamericanos", en Luis N. Rivera Pagán, *Ensayos teológicos desde el Caribe* (San Juan, Puerto Rico: Ediciones Callejón, 2013), 47-81.

[45] Ricard, *La conquista espiritual de México*, 23, 349, 355.

general de las cosas de Nueva España (1582), y en la cual, contra sus usuales hábitos de misionero, percibe que el lazo íntimo entre el culto y la cultura de los pueblos autóctonos sea quizá indisoluble.[46]

No alcanza, sin embargo, a ubicar esa genial intuición en el contexto mayor de la paradoja que representa la cristiandad colonial, promotora simultánea del beneficio espiritual y el sojuzgamiento político, económico y cultural de los pueblos nativos. La prohibición de publicar la obra de Sahagún, emitida el 22 de abril de 1577,[47] es un intento, por parte de la corte de Felipe II, de solucionar la paradoja en favor del poder metropolitano, extinguiendo las posibles reservas de resistencia espiritual que podría implicar la vigencia de los símbolos culturales prehispánicos. La victoria espiritual parece decisiva, pero no podrá evitar que una y otra vez la Tonantzin resurja en desafío insurgente, transfigurada en la morena Virgen de la Guadalupe.

Desde el origen de la institución cristiana en el Nuevo Mundo, se establece la preeminencia del modo occidental, europeo y blanco de pensar y vivir la fe. Esa primacía es la cuna de la dicotomía del catolicismo iberoamericano (presente también en Brasil).[48] Por un lado, una jerarquía blanca, europea o criolla con hábitos y formación occidentalista, tridentina en su dogmatismo doctrinal y rígida en los rituales religiosos, fieles al misal romano; por el otro, una feligresía mayoritariamente indígena, mestiza (y mulata), ignorante en asuntos teológicos y entregada a múltiples manifestaciones de la llamada "religiosidad popular", en las que busca arraigo íntimo y subjetivo compensatorio de la frialdad de la misa latina, y en la que se filtran sincréticamente las viejas tradiciones pre-europeas y pre-cristianas.

Esta dicotomía constituye un rezago fundamental de todo el período colonial que desemboca en la colosal crisis de conciencia a

---

[46] México, D. F.: Editorial Porrúa, 1985, 578-585.

[47] Se reproduce en Christian Duverger, *La conversión de los indios de la Nueva España: Con el texto de los "Coloquios de los Doce" de Bernardino de Sahagún* (Quito: Ediciones Abya Yala, 1990), 39.

[48] José Comblin, "Situação histórica do catolicismo no Brasil", *Revista eclesiástica brasileira*, vol. 26, 574-601; y, del mismo autor, "Para uma tipologia do catolicismo no Brasil", *Revista eclesiástica brasileira*, vol. 28, 46-73.

principios del siglo diecinueve entre la lealtad al cristianismo y la defensa de la independencia nacional, agonía experimentada por sensibilidades religiosas y patrióticas como la de Miguel Hidalgo, y en la confrontación entre la iglesia jerárquica y la "iglesia popular" a partir de la década de los sesenta en el siglo veinte, presagiada más de cuatrocientos años antes por el legendario diferendo entre Juan Diego, indígena pobre e iletrado, y Juan de Zumárraga, primer Obispo de México, sobre la Guadalupe.[49] De aquellos vientos sembrados se cosecharon estas posteriores tempestades.

Fe y oro

Empero, la preocupación fundamental que permea a las *Capitulaciones* es más bien de índole material: el **oro**. El documento procede de la época en que prevalecía la concepción medieval de que el oro nace en lugares calientes, visión que configuró la creencia de Cristóbal Colón de encontrarse en el Caribe las minas del rey Salomón y que convirtió a las islas antillanas en implacables empresas de explotación aurífera.[50] Fue uno de los mitos difundidos por Colón, el Caribe aurífero cuyas inmensas riquezas, pensaba el Almirante, permitirían lograr en pocos años el añejo sueño de la Cristiandad: reconquistar la Tierra Santa, recuperar los lugares bendecidos por la presencia física de Jesús. La insaciable búsqueda del oro es tema constante en Colón, que culmina en su famosa mistificación del metal precioso: "El oro es excelentíssimo; del oro se hace tesoro, y con él, quien lo tiene, haçe cuanto quiere en el mundo, y llega a que echa las ánimas al Paraíso."[51]

---

[49] Véase Jacques Lafaye, *Quetzalcoatl et Guadalupe: La formation de la conscience nationale au Mexique* (Paris: Gallimard, 1974); *Quetzalcóatl and Guadalupe: The Formation of Mexican National Consciousness, 1531-1813* (Chicago: The University of Chicago Press, 1976); *Quetzalcóatl y Guadalupe : La formación de la conciencia nacional en México* (México, D. F.: Fondo de Cultura Económica, 1977).

[50] Frank Moya Pons, *La Española en el siglo XVI, 1493-1520: Trabajo, sociedad y política en la economía del oro* (3ra. ed.) (Santiago, República Dominicana: Universidad Católica Madre y Maestra, 1978), 35-118.

[51] Cristóbal Colón, *Los cuatro viajes: Testamento* (ed. de Consuelo Varela) (Madrid: Alianza Editorial, 1986), 292. Sobre la relación entre fe y oro en la empresa colombina, es útil comparar las perspectivas opuestas de

El problema es que el oro no nace en las ramas de los árboles; hay que extraerlo mediante un esfuerzo laboral intenso, lo que conllevó la imposición de un sistema servil de sobreexplotación del trabajo. A ese asunto le dedican prioritaria atención las *Capitulaciones de Burgos*. Algunas normas relativas a la minería aurífera expresan su centralidad para la administración colonial. Prohíbe la corona que "a los que tuvieren indios en las minas, ni a los indios que en ellas anduvieren," durante el tiempo del trabajo extractor, se les emplace judicialmente, "por sus causas ni ajenas... por ningún juez." Es traba importante si recordamos que la iglesia española del siglo dieciséis poseía una amplia jurisdicción legal sobre individuos y corporaciones. El objetivo del soberano, al que se pliegan los prelados, es evitar que el ejercicio de esa facultad fiscalizadora entorpezca el trabajo minero. La potestad inquisitorial no debe afectar la extracción del oro. Las implicaciones de esa impunidad conferida a los magnates son siniestras. El otorgar amnistía legal a quienes mueve el afán de riquezas ha sido siempre fuente de arbitrariedades y violencias.

Además, la corona reglamenta que los obispos perciban los diezmos en especie – "en frutos... y no en dineros..." El efecto de esta regla será que para adquirir dinero efectivo, los prelados se verán obligados a comerciar los frutos recibidos, lo que no redundará en mayor atención a la tareas espirituales.[52] Salvador Brau señaló que, para compensar la escasez de los diezmos, Alonso Manso, recurrió a la

---

Ramón Iglesia en su ensayo "El hombre Colón", en, del mismo autor, *El hombre Colón y otros ensayos* (México, D. F.: Fondo de Cultura Económica, 1986), 67-89 y Delno West en su introducción a *The "libro de las profecías" of Christopher Columbus* (tr. y ed. por Delno C. West & August Kling) (Gainesville, FL: University of Florida Press, 1991), 1-93. Mientras West acentúa en Colón la primacía de la fe sobre el interés comercial, Iglesia recalca en el Almirante la aspiración de lucro y subestima los motivos misioneros. Kadir intenta conciliar ambas perspectivas, al percibirlas como dos dimensiones estrechamente vinculadas, en coincidencia de factores opuestos, no sólo en Colón, sino en la postura europea y occidental ante los nuevos territorios a evangelizarse y explotarse simultáneamente. De esta manera, se neutraliza la disputa entre quienes ven en Colón el portaestandarte de la modernidad y quienes lo perciben enclaustrado en las concepciones medievales. Kadir, *Columbus and the Ends of the Earth*, 48-53. Véase también Luis N. Rivera Pagán, *Entre el oro y la fe: El dilema de América* (San Juan: Editorial de la Universidad de Puerto Rico, 1995).

[52] Prien, *La historia del cristianismo en América Latina*, 131.

explotación de la mano de obra de indios encomendados primero y de esclavos negros después.⁵³ Fue el primer obispo en hacerlo, no el último.

Pero, el papel particular, exclusivo, de los prelados episcopales en relación con la minería aurífera es aún más abarcador y ambicioso. La corona ordena, y acuerdan los obispos, que "no se apartarán los indios directe ni indirecte, de aquello que agora hacen para sacar el oro, antes los animarán, y aconsejarán, que sirvan mejor que hasta aquí en el sacar el oro, diciéndoles que es para hacer guerra a los infieles, y las otras cosas que ellos vieren que podrán hacer aprovechar para que los indios trabajen bien."

La retórica de cruzada anti-islámica parece absurda, pero no lo es. Aunque en esos momentos había pocas posibilidades prácticas de que la cristiandad recuperase militarmente la tierra santa - la ofensiva pertenecía a los otomanos islamitas - el residuo retórico ideológico de la cruzada, lo que Alain Milhou ha llamado el "mito de la cruzada",⁵⁴ se resistía a morir. El rey Fernando sabía utilizar para su provecho político su título de "rey de Jerusalén". Aunque no proveía rentas fiscales, ciertamente aportaba prestigio y beneficios políticos e ideológicos. Además, algo que no escapaba al astuto monarca, si la explotación minera se subordinaba retóricamente a los ideales de la cruzada, las riquezas obtenidas, gracias a las bulas papales de cruzada, quedaban libres de los impuestos o diezmos eclesiásticos, un peculio financiero que no dejaba de ser ventajoso.⁵⁵

No olvidemos que las *Capitulaciones* van acompañadas, a manera de anejos, de los decretos papales de Alejandro VI de 1493, a los que hemos aludido, en los que el papa Borgia amonesta a los reyes católicos a evangelizar a los nativos americanos – "os mandamos... procuréis

---

⁵³ *La colonización de Puerto Rico,* 240, 391, 409 y 431.

⁵⁴ Alain Milhou, *Colón y su mentalidad mesiánica en el ambiente franciscanista español* (*Cuadernos colombinos,* No. 9) (Valladolid: Casa-Museo de Colón/Seminario Americanista de la Universidad de Valladolid, 1983), 290.

⁵⁵ Ibíd., 367. Véase la sección dedicada a la "bula de la santa cruzada" en el ensayo de Escobedo Mansilla, "La economía de la iglesia americana", 130-133.

enviar a las dichas tierras firmes e islas hombres buenos temerosos de Dios, doctos, sabios y expertos, para que instruyan a los susodichos naturales y moradores en la fe católica... poniendo en ello toda la diligencia que convenga,"[56] lo cual lógicamente conlleva el promover el bienestar espiritual de los indígenas.

Esta orden misionera papal proviene de la percepción colombina idílica inicial sobre los nativos como "gentes que viven en paz, y andan... desnudos... y no comen carne... y parecen asaz aptos para recibir la fe católica y ser enseñados buenas costumbres,"[57] entendiéndose por "buenas costumbres" la moral católica europea. Una de las mayores ironías de la historia es ciertamente que la concepción evangelizadora de la conquista de América y la insistencia en el objetivo misionero de la empresa militar que se cernió sobre la vida y el destino de millones de nativos, proceden de la firma de un papa que no se distinguió precisamente por la exaltación de principios y valores religiosos y espirituales.[58] El hecho a resaltarse, sin embargo, es que la conquista y cristianización de América surgen abrigados de la pasión y el celo misioneros.

---

[56] Alejandro VI, *Inter caetera* (4 de mayo de 1493), en Las Casas, *Tratados*, 1287.

[57] Ibíd., 1285. Sobre las bulas alejandrinas, véase Luis N. Rivera Pagán, *Historia de la Conquista de América: Evangelización y violencia* (Barcelona, España: Editorial CLIE, 2021), 46-58.

[58] De este Sumo Pontífice escribiría su contemporáneo Pedro Mártir de Anglería: "Aquel nuestro Alejandro, escogido para servirnos de puente hacia el cielo, no se preocupa de otra cosa que de hacer puente para sus hijos [carnales]- de los que hace ostentación sin el menor rubor -, a fin de que cada día se levanten sobre mayores montones de riquezas... Estas cosas... provocan náuseas en mi estómago." "Al conde de Tendilla", Epístola 173, del 9 de abril de 1497, *Epistolario* (estudio y tr. de José López de Toro), en *Documentos inéditos para la historia de España*, vol. 9 (Madrid: Imprenta Góngora, 1953), t. 1, 329-330. Un par de décadas más tarde, Maquiavelo escribiría sobre este Papa lo siguiente: "Alejandro VI jamás pensó ni hizo otra cosa que engañar a la gente y siempre encontró en quien hacerlo, ni ha habido quien aseverase con más seriedad, ni quien con mayores juramentos afirmara una promesa, ni menos la cumpliese." Nicolás Maquiavelo, *El príncipe* (Río Piedras: Editorial de la Universidad de Puerto Rico, 1975), 372.

El signo ideológico del dominio europeo sobre las tierras americanas se nutre del mandato evangelizador final del Cristo resucitado: "Id y haced discípulos a todas las naciones" (Mateo 28:19). La pasión evangelizadora, demostrada por los franciscanos a lo largo y ancho del territorio mexicano [más vasto entonces que ahora, cercenado desde 1848 por el Tratado de Guadalupe][59] y por los jesuitas en sus famosas reducciones guaraníes [también en una región mayor que la actual República de Paraguay, acortada por el convenio luso-castellano de 1750],[60] cual generaría lo que Justo González ha catalogado como "la más rápida y extensa expansión del cristianismo que la iglesia hubiera conocido,"[61] y se hace presente en el nacimiento mismo de la consideración europea sobre el destino del Nuevo Mundo.

Al ponerse la primera piedra de la iglesia institucional, la corona así encomendada instrumentaliza la jerarquía eclesiástica para que sirva de incitadora de la minería aurífera, en una época en que se hacía evidente la renuencia, y en ocasiones abierta resistencia, de los nativos a someterse al carácter saqueador de esa faena. igual que el surgimiento de una voz profética que denunciaba la opresión de ese sistema laboral.[62]

De ninguna manera, comanda el monarca, deben los obispos permitir que los nativos descuiden la labor minera; por el contrario, deben concebir como esencial función episcopal el estimularles a acometer su servil destino con mayor devoción. La corona indica las posibles justificaciones, destacándose la defensa bélica de la fe, "para hacer guerra a los infieles." Es intransferible deber episcopal excitar la devoción minera de los nativos, esgrimiendo como acicate el uso de los metales preciosos para enfrentar militarmente a los enemigos de la fe, lo que se refiere en primera instancia a turcos y musulmanes, los

---

[59] Edwin E. Sylvest, Jr., *Motifs in Franciscan Mission Theory in Sixteenth Century New Spain Province of the Holy Gospel* (Washington, D. C.: Academy of American Franciscan History, 1975).

[60] Alberto Armani, *Ciudad de Dios y ciudad del sol: El "Estado" jesuita de los guaraníes (1609-1768)* (México, D. F.: Fondo de Cultura Económica, 1988).

[61] *Y hasta lo último de la tierra*, 51.

[62] Gustavo Gutiérrez, *Dios o el oro en las Indias (siglo XVI)* (Lima: Centro de Estudios y Publicaciones, 1989).

aborrecidos adoradores de Alá, poseedores, según juristas europeos, *de facto* pero no *de iure,* de vastos y estratégicos territorios previamente cristianos. No se requiere mucha imaginación para concebir el carácter extraño que revestiría una exaltada predicación episcopal a indígenas antillanos a fin de estimular misioneramente sus afanes mineros para usos militares contra unos pueblos - otomanos, árabes, islamitas - absolutamente desconocidos para ellos.

Aunque la rúbrica de guerra contra los infieles alude principalmente a los islamitas, no excluye a los indígenas americanos idólatras que se nieguen a someterse al llamado de obediencia y fidelidad, que en esos momentos se cuajaba en el famoso documento conocido como *Requerimiento*.[63] El *Requerimiento* exigía de los nativos americanos doble obediencia y lealtad, a la Iglesia y al Papa, por un lado, a la corona castellana, por el otro. Su costo, guerra y esclavitud, era altísimo. Aunque en el texto predominaban los temas y motivos religiosos, su elaboración y puesta en ejecución estaba en manos del estado, o, con mayor precisión, en el poder de los conquistadores mismos, cuyas ansias de riqueza y poder son harto conocidas. Cualquier acto de sublevación podía ser juzgado como doble grave infracción: apostasía religiosa y traición política, como para su letal infortunio descubriese en el verano de 1533 el Inca Atahualpa.

Será, apuntemos algo generalmente descuidado, gracias a la riqueza minera extraída por arahuacos cubanos que Hernán Cortes podrá lanzarse al asedio de Tenochtitlán, empresa de signo militar que, sin embargo, se justifica por su principal protagonista acentuando la devota intención misionera de "apartar y desarraigar de las idolatrías a todos los naturales destas partes... y que sean reducidos al conocimiento de Dios y de su santa fe católica."[64]

Vemos, por consiguiente, que la ambigüedad que Enrique Dussel ha identificado en el episcopado latinoamericano entre, por un lado, el celo misionero y evangelizador, promotor de la plena humanidad de los pobres y desamparados, y, por otra parte, la avaricia de riquezas

---

[63] Véase Rivera Pagán, *Historia de la Conquista de América*, 58-69.

[64] Hernán Cortés, *Documentos cortesianos, 1518-1528* (ed. José Luis Martínez) (México, D. F.: Universidad Nacional Autónoma de México - Fondo de Cultura Económica, 1990), 165.

que llega al sacrilegio de consagrar la religiosidad cristiana en el altar de Mamón, se encuentra en la matriz misma de la institución eclesiástica en el Nuevo Mundo, algo que Dussel no destaca. La pugna entre la fe y el oro, entre la aspiración misionera y el afán comercial, es congénita a la conquista europea de América y conserva incólume su carácter paradójico durante toda la cristiandad colonial. Hay una agonía profunda en el interior del alma de la cristiandad colonial, en el sentido en que Miguel de Unamuno recapturó el significado de ese vocablo, como pugna intensa, desgarrador combate entre contrincantes que se saben inseparables, al mismo tiempo agonistas, protagonistas y antagonistas.[65] La pugna agónica entre la evangelización y los afanes económicos es indisoluble y el intérprete que señale exclusivamente uno de esos polos se arriesga a transformar la complejidad histórica en una fantasía misionera o en una masacre genocida.

Hernán Cortés, el mismo que insiste en la conversión de los nativos como principal motivo de sus afanes, dedica buena parte de sus gestiones a incrementar la hacienda colonial, la oficial y la suya. Su celo evangelizador es innegable, como insisten sus admiradores franciscanos, Toribio Paredes de Benavente o Motolinia y Gerónimo de Mendieta;[66] su codicia es también insaciable, como apunta su compañero de armas Bernal Díaz del Castillo.[67] También Francisco Pizarro sentencia al inca Atahualpa: "Venimos a conquistar esta tierra, porque todos vengáis en conocimiento de Dios y de su santa fe católica... y salgáis de la bestialidad y vida diabólica en que vivís..."[68]

---

[65] *La agonía del cristianismo*, en *Ensayos* (Madrid: Aguilar, 1964), vol. I, 943.

[66] Toribio de Benavente (Motolinia), *Historia de los indios de la Nueva España: Relación de los ritos antiguos, idolatrías y sacrificios de los indios de la Nueva España, y de la maravillosa conversión que Dios en ella ha obrado* (ed. de Edmundo O'Gorman) (México, D. F.: Editorial Porrúa, 1984); Gerónimo de Mendieta, *Historia eclesiástica indiana* (México, D. F.: Editorial Porrúa, 1980). Cf. Fidel de Lejarza, "Franciscanismo de Cortés y cortesianismo de los franciscanos", Missionalia hispánica, vol. 5, 1948, 43-136.

[67] *Historia verdadera de la conquista de la Nueva España* (México, D. F.: Editorial Porrúa, 1986).

[68] Francisco López de Jerez, *Verdadera relación de la conquista del Perú y provincia del Cuzco, llamada la Nueva Castilla* (1534) (ed. Enrique de Vedia) (Madrid: Biblioteca de Autores Españoles, Ediciones Atlas, 1947), t. 26, 332-333.

Sin embargo, cuando un sacerdote le increpa su falta de diligencia misionera, Pizarro no tiene problemas de conciencia en replicar: "Yo no he venido para estas cosas, he venido para quitarles su oro."[69]

La iglesia americana, en la persona de sus primeros prelados, acepta una doble tarea, cuya conciliación probaría ser un enigma de difícil solución: promover la salvación espiritual de los americanos y propiciar el beneficio material metropolitano. Este sería el conflicto, la agonía en sentido unamuniano, que agita a la cristiandad colonial y se expresa de múltiples maneras durante sus siglos de existencia.

La voz profética

Los historiadores de la iglesia hispanoamericana han correctamente ubicado el inicio del episcopado al final de los laberínticos esfuerzos de la corona española para lograr el control de la estructura jerárquica eclesial. Sin embargo, no parecen percatarse de otro factor que acelera los esfuerzos de la corona para establecer la autoridad clerical - el surgimiento dramático de la **voz profética** en la comunidad cristiana colonial.[70]

No me parece coincidencia que las *Capitulaciones de Burgos* tengan lugar en el contexto de la crisis de conciencia provocada por la predicación denunciadora comenzada a fines de 1511 por la pequeña comunidad dominica en la Española, por entonces plaza central de la administración territorial. Gracias a los afanes archivistas de Bartolomé de Las Casas conservamos la expresión máxima de esa denuncia profética: la famosa homilía de fray Antonio de Montesinos.[71]

A base del texto bíblico *ego vox clamantis in deserto* ("voz que clama en el desierto" - Mateo 3:3, a su vez cita de Isaías 40:3), Montesinos arremete contra el maltrato que sufren los nativos americanos, sobre todo en la minería aurífera. "Todos estáis en pecado mortal y en él vivís y morís por la crueldad y tiranía que usáis con estas inocentes gentes.

---

[69] Citado por Prien, *La historia del cristianismo en América Latina*, 65.

[70] Sobre la voz profética en la conquista de América, véase Luis N. Rivera Pagán, "Prophecy and Patriotism: A Tragic Dilemma," *Apuntes*, año 12, no. 2, verano de 1992, 49-64.

[71] La síntesis del sermón de Montesinos procede de Las Casas, *H. I.*, l. 3, c. 4, t. 2, 441-442.

Decid, ¿con qué derecho y con qué justicia tenéis en tan cruel y horrible servidumbre a estos indios...? ¿Cómo los tenéis tan opresos... que de los excesivos trabajos que les dais... los matáis para sacar y adquirir oro cada día?... Tened por cierto que, en el estado en que estáis, no os podéis más salvar que los moros o turcos..."

La homilía creó una verdadera conmoción, pues oyéndola se encontraban las principales autoridades coloniales. No era para menos. Montesinos los ubica en la misma categoría espiritual que moros o turcos, en ese momento acérrimos adversarios de la Europa cristiana. Por eso reaccionan catalogándole "de hombre escandaloso, sembrador de doctrina nueva... en deservicio del rey y daño de todos los vecinos..."[72] El rey Fernando obtiene copia del sermón y expresa al virrey Diego Colón su perturbación, incluyendo su licencia para reprimir al díscolo fraile: "Vi ansi mesmo el sermón que descis que fizo un frayle dominico que se llama Antonio Montesino, e aunquél siempre obo de predicar escandalosamente, me á muncho maravillado en gran manera, de descir lo que dixo, porque para descirlo, nengund buen fundamento de Theología nin cánones nin leyes thernia, sygund discen todos los letrados... theólogos e canonistas, e vista la gracia e donación que Nuestro Muy Sancto Padre Alexandro sexto Nos fizo... por cierto que fuera razón que uséredes así con el que predicó... de algún rigor porque un yerro fué muy grande."[73] El monarca ordena que Montesinos y sus colegas guarden absoluto silencio sobre el asunto. "Que non fablen en púlpito nin fuera dél diretya nin yndiretamente mas en esta materia, nin en otras semexantes... en público nin en secreto..."[74]

El provincial dominico en España, fray Alfonso de Loaysa, añade su reprimenda. Amén de advertir sobre las posibles consecuencias subversivas de tal predicación ("toda la India, por vuestra predicación, está para rebelarse..."), exhorta a sus hermanos de orden en la Española a *submittere intellectum vestrum* ("subyugad vuestro intelecto"), argumento innumerables veces esgrimido en beneficio del autoritarismo

---

[72] Ibíd., 442.

[73] En Pacheco, Cárdenas y Mendoza, eds., *Colección de documentos inéditos relativos al descubrimiento*, vol. 32, 375-376.

[74] Ibíd., 377-378.

eclesiástico y político.[75] El intento de represión fracasa. Por algo los dominicos habían iniciado su descarga ética con explícita referencia al irreductible Juan el Bautista. Se desencadena así lo que Lewis Hanke ha llamado "la lucha española por la justicia en la conquista de América".[76] El genio profético se ha escapado de la botella y nunca más reposaría.

Justo González ha recalcado la pertinencia de la rebeldía ético-teológica de la pequeña comunidad dominica para la historia de la iglesia colonial, contrastando la caricatura típica que el protestantismo anglosajón tiene de la iglesia hispanoamericana colonial con la polifonía de tonos y melodías vigentes en ella, sobre todo la vigorosa e irreprimible voz profética que se pronuncia desde Montesinos hasta Hidalgo.[77] Pero lo que no se ha acentuado es la relación íntima entre el surgimiento del debate sobre la justicia en América y la constitución del episcopado mediante las *Capitulaciones de Burgos*. Fernando V, para acallar la denuncia profética, se apresta a establecer el episcopado diocesano americano. Sería éste el encargado de vigilar las fronteras de la conciencia cristiana, tratando de evitar que se desborde en proclamas proféticas. Parafraseando lo que Roland Bainton escribe acerca de la Universidad de Yale, podemos decir: El episcopado hispanoamericano fue conservador desde antes de nacer.[78] Se establece para que cumpla las funciones que el estado colonial le adjudica: la cura de las almas y la promoción de la explotación minera.

Las *Capitulaciones* sientan un precedente que mantendrían los sucesores de Fernando V, requerir de los nominados al episcopado un juramento de fidelidad a la corona y la promesa de reconocer y respetar

---

[75] En Venancio Diego Carro, *La teología y los teólogos-juristas españoles ante la conquista de América* (Madrid: Escuela de Estudios Hispano-Americanos de la Universidad de Sevilla, 1944), vol. I, 62-63.

[76] Lewis Hanke, *La lucha española por la justicia en la conquista de América* (Madrid: Aguilar, 1967).

[77] *The Development of Christianity in the Latin Caribbean*, 21; *La era de los conquistadores*, 61, y, más recientemente, "The Christ of colonialism," *Church & Society*, vol. 82, no. 3, January/February 1992, 25.

[78] Roland H. Bainton, *Yale and the Ministry: A history of education for the Christian Ministry at Yale from the founding in 1701* (New York: Harper & Row, 1957), 1: "Yale was conservative before she was born."

el derecho de patronato real. Lo que no quiere decir que siempre los obispos cumplirán esa función legitimadora. La paradoja al interior del episcopado entre su encomienda evangelizadora y su mandato estatal creará tensiones continuas, un conflicto perpetuo de intereses que en ocasiones se resolvería al estilo y manera de los profetas bíblicos.

A la sombra de la muerte: la postrera voz profética de Las Casas

Demos, para concluir, un ejemplo: la recepción que de las *Capitulaciones de Burgos* hizo el más controvertible de los obispos de la cristiandad colonial latinoamericana, Bartolomé de Las Casas. El acuerdo de los prelados de estimular el trabajo minero intenso y usar para ello justificaciones religiosas provocó la intensa ira de Las Casas.[79] Ese compromiso parte, según el dominico, de la "ceguedad" que los firmantes tienen sobre "la perdición de aquestas gentes míseras". Los obispos se obligan moralmente a provocar la muerte de sus nuevos feligreses, pues la minería aurífera es "pestilencia vastativa de todas sus ovejas". Recupera y reitera Las Casas la dialéctica de la homilía de Montesinos entre la minería aurífera y la mortalidad. La extracción del oro es físicamente fatal para el cuerpo de los nativos y, a la vez, causa de pecado mortal para los europeos. Tuvieron "poca lumbre" espiritual los prelados, al acceder a promover una actividad que resulta trágica para la población nativa y que además macula indeleblemente el alma de colonos y encomenderos.

El acuerdo surge de la "ignorancia" de los obispos, pero éstos debieron haber sido más suspicaces y "no obligar[se] a lo que podía ser injusto y malo... cuanto más que la misma obra les pudiera dar sospecha, diciendo sacar oro y servir". Con su típica ironía se pregunta Las Casas si los obispos pensaban que sacar oro era como coger frutas de los árboles.[80] Para el Obispo de Chiapas, las *Capitulaciones* conllevan

---

[79] La reacción de Las Casas se encuentra en *H. I.*, l. 3, c. 2, t. 2, 435-438. Murga Sanz y Huerga, en su biografía de Alonso Manso, relatan la indignación del Obispo de Chiapas por la concordia entre los monarcas y los prelados, pero la distorsionan al no indicar la razón. *Episcopologio de Puerto Rico*, 44-45.

[80] Salvador Brau, cuya opinión del primer obispo de Puerto Rico, Alonso Manso, no es muy favorable, emite un juicio más parco, pero también negativo: "No puede tenerse por excusable el aconsejar a los indios que soportasen el trabajo de las minas en razón a que el oro se destinaba a combatir infieles... Ni al prestigio del trono ni a la dignidad episcopal

una capitulación, en la segunda acepción del término (rendición), que los prelados conceden aún antes de adentrarse en la pugna por evangelizar las nuevas diócesis.

Las *Capitulaciones* proceden de la irrupción de la voz profética en la cristiandad colonial, representada por la homilía de Montesinos, como un intento de controlarla mediante el establecimiento de una jerarquía fiel al estado. A su vez, desencadenan el resurgir de esa misma voz profética que desde el seno de la institución jerárquica - Las Casas era obispo - se torna hacia si misma en amarga y agónica autocrítica. En enero de 1566 se eligió un nuevo papa. Antonio Michele Ghislieri, fraile dominico fue nombrado papa, adoptando el título de Pío V. Por ser hermano de la misma cofradía religiosa, dominico, y por augurar un posible cambio en la política de Roma, Las Casas, muy cercana su muerte, le escribe una dramática epístola.[81] La carta es brevísima pero de contenido contundente.

La novedad que esa carta representa ha escapado a muchos lectores. Conlleva una osada violación del *pase regio*, al comunicarse directamente con el papado sin pasar por el conducto del Consejo de Indias castellano, mecanismo de control estatal que hasta entonces había acatado Las Casas. Es un reclamo profético, a la sombra de la cercanía de la muerte, de reconstruir la función histórica de la iglesia americana ubicándola, sin ambivalencias ni ambigüedades, en el sendero de la solidaridad humana.

Lo que Las Casas exige en este escrito postrero de su inagotable trayectoria profética es una reforma radical de la postura de la iglesia cristiana ante los pueblos conquistados, marginados, desposeídos y explotados del Nuevo Mundo. La voz profética rasga el manto de los cielos e intenta transfigurar, desde el seno del paradójico episcopado, las penurias de la cristiandad colonial latinoamericana.

---

hacía honor una superchería innecesaria para obtener la cooperación laboriosa de aquellas gentes." *La colonización de Puerto Rico*, 205.

[81] Se reproduce en *Fray Bartolomé de Las Casas: Doctrina* (ed. de Agustín Yáñez) (México, D. F.: Universidad Nacional Autónoma, 1941), 163-165. He discutido extensamente esta carta postrera de Las Casas en el ensayo *A Prophetic Challenge to the Church: The Last Word of Bartolomé de las Casas*, reproducido en Luis N. Rivera-Pagán, *Essays from the Margins* (Eugene, Oregon: Cascade Books, 2014), 1-26.

Comienza mencionando un libro que le ha enviado en el cual discute "la justificada forma de promulgar el Evangelio y hacer lícita y justa guerra contra los gentiles". No menciona el título del libro pero posiblemente sea *Del único modo de atraer a todos los pueblos a la verdadera religión*.[82] Es una condena de la evangelización por las armas y la conquista bélica. El único modo de hacer labor misionera y proclamar el evangelio es el proseguido por Jesús y sus apóstoles: la predicación pacífica.

También discute, muy a la medida de su tradición tomista, el concepto de guerra justa, el cual no cuadra contra pueblos que nunca han hecho daño a las naciones cristianas. Contrario a la tesis de algunos apologistas de Las Casas, no creo que podamos catalogarlo de pacifista. Pero en el marco del concepto de guerra justa asevera con firmeza que no pueden justificarse las guerras contra los pueblos autóctonos del Nuevo Mundo. Las Casas le pide al papa que apoye públicamente, mediante su endoso, las tesis de ese libro. Sorprende el posible resultado de esa posible acción papal, viniendo de un español: "porque no se oculte la verdad en destrucción y daño de toda la Iglesia, y venga tiempo (el cual por ventura está ya muy cerca), en que Dios descubra nuestras manchas, y manifieste a toda la gentilidad nuestra desnudez." Es una obvia alusión al juicio final y el juicio de las naciones.

Le pide entonces al sumo pontífice, ya que abundan aquellos que él llama "perros rabiosos e insaciables", que el papa emita un decreto declarando excomulgados y anatemizados a todos quienes afirmen que:

1. La idolatría justifica la guerra de cristianos contra gentiles.
2. La guerra es conveniente para facilitar la predicación y la conversión de los infieles.
3. Los gentiles no son verdaderos señores y soberanos de sus tierras y posesiones.
4. Los gentiles son incapaces de entender o aceptar por ellos mismos el evangelio.

Luego le solicita al papa que renueve todos los cánones eclesiásticos, de manera que los obispos se solidaricen siempre con los marginados, cautivos y desposeídos, "hasta derramar su sangre por

---

[82] México, D. F.: Fondo de Cultura Económica, 1942.

ellos." Ese mandato es especialmente necesario en las Indias, donde los naturales "llevan sobre sus flacos hombros, contra todo derecho divino y natural, un pesadísimo yugo y carga incomportable". Por su liberación deben luchar los obispos, "poniéndose por muro de ellos hasta derramar su sangre por ellos."

Eran muchos los dignatarios eclesiásticos que ascendían al episcopado como prebendas, definitivamente no obtenidas por afán alguno de solidaridad evangélica, y tampoco se familiarizaban con las culturas nativas. Por ello Las Casas le solicita al papa que a todos los obispos en las Indias, "les mande aprender la lengua de sus ovejas, declarando que son a ello obligados por ley divina y natural". Lo que está en cuestión no es solo una conveniencia misionera; también se juega la apreciación, valoración y preservación de las culturas de los pueblos autóctonos.

Por último, le solicita al papa algo que a Pío V le debe haber sabido a hiel, definitivamente no a miel. Que la iglesia del Nuevo Mundo se desprenda de todas las riquezas adquiridas gracias a las conquistas de las armas españolas, otorgándolas a los pueblos autóctonos desposeídos. Las Casas describe la situación de ese modo: "Grandísimo escándalo... es que en aquella nueva planta obispos y frailes y clérigos se enriquezcan... permaneciendo sus súbditos recién convertidos en tan suma e increíble pobreza, que muchos por tiranía, hambre, sed y excesivo trabajo cada día miserabilísimamente mueren."

A partir de esa acusación a la iglesia de enriquecerse indebidamente a costa de la servidumbre y la desposesión de los pueblos autóctonos, Las Casas le lanza el reto a Pío V que ordene a obispos y frailes y clérigos que laboran en el Nuevo Mundo a "restituir todo el oro, plata y piedras preciosas que han adquirido, porque lo han llevado y tomado de hombres que padecían extrema necesidad... a los cuales, por ley divina y natural, también son obligados a distribuir de sus bienes propios."

Es una evolución crucial de la exigencia de la restitución que como obispo de Chiapas Las Casas impuso a los confesores de su diócesis, la cual encolerizó agriamente a hacendados y encomenderos españoles y, amenazada su vida, causó su salida de la diócesis. Ya no se trata de que el papa señale con el dedo acusador a conquistadores, encomenderos y traficantes. Lo que Las Casas le pide al papa, al final de esta breve pero contundente epístola, es que Pío V también ponga en la silla de los acusados y sentenciados al clero mismo de la iglesia implantada en el Nuevo Mundo.

¿Cuál fue la reacción de Pío V? Con excepción de varias pequeñas concesiones aquí y allá, su actitud fue similar a la del Consejo de Indias: el silencio.[83] La atención de Pío V se dirigía más bien otros asuntos que consideraba más urgentes: las amargas, agrias y violentas disputas que cercenaban y dividían la cristiandad occidental durante el siglo XVI en Europa.

Pero cuando analizamos y discutimos propuestas de reforma radical de la cristiandad en el siglo XVI, nunca debemos limitarnos a las disputas al interior de las instituciones eclesiásticas de Europa. Bartolomé de Las Casas propuso una reforma radical de extraordinaria importancia para las naciones de esta Nuestra América, tras recorrer intensamente durante varias décadas sus tierras y pueblos. Prestemos atención cuidadosa y reflexiva a su voz profética postrera, emitida a la sombra de su cercana muerte.[84]

> "Obispos y frailes y clérigos... están obligados a restituir todo el oro, plata y piedras preciosas que han adquirido, porque lo han llevado y tomado de hombres que padecían extrema necesidad... a los cuales, por ley divina y natural, también son obligados a distribuir de sus bienes propios."

---

[83] En esto difiero de Isacio Pérez Fernández, *Inventario Documentado de los Escritos de Bartolomé de Las Casas* (Bayamón, Puerto Rico: Centro de Estudios de los Dominicos del Caribe, 1981), 766-776.

[84] A pesar de sus sugestivas y provocadoras observaciones, un defecto capital de la obra de Djelal Kadir, *Columbus and the Ends of the Earth*, es su renuencia a percibir los elementos críticos y potencialmente subversivos de la tradición profética bíblica. Kadir confunde con excesiva precipitación el profetismo y las tendencias del monoteísmo apocalíptico a avasallar y aniquilar las culturas y los cultos heterogéneos.

CULTO Y CULTURA: LA EVANGELIZACIÓN DE LOS PUEBLOS AMERICANOS

> Ellos enseñaron el miedo,
> vinieron a marchitar las flores.
> Para que su flor viviese,
> dañaron y sorbieron la flor de nosotros...
>
> Chilam Balam de Chuyamel
>
> Bajo extraño imperio, aglomerados los martirios, y destruidos; perplejos, extraviados, negada la memoria, solos; muerta la sombra que protege; lloramos; sin tener a quién o a dónde volver, estamos delirando.
>
> Apu Inca Atawallpaman

Migajas históricas

Una de las principales consecuencias de la conmemoración del quinto centenario del descubrimiento europeo de América fue el revivir la vieja cuestión en América Latina de la vigencia de las culturas de los pueblos indígenas. Para dialogar con coherencia sobre la relación entre las teologías cristianas, las etnias autóctonas americanas y el desarrollo de sus cultos y culturas (el uso del plural es premeditado -- sería forzado hablar de *una* teología cristiana, *una* etnia autóctona o *una* cultura nativa), hay que recurrir a la historia, a los orígenes. Aunque la prioridad de quienes se interesan por el futuro y el bienestar de la cultura latinoamericana y caribeña es la contemporaneidad y sus desafíos, no puede descuidarse la historicidad de todo acontecer humano. De otro modo nos arriesgamos a caer en fórmulas ligeras de peso y superficiales.

La historia de las relaciones entre la fe cristiana y las culturas de los pueblos americanos originarios es larga y compleja. He dedicado un extenso volumen, titulado *Historia de la Conquista de América: Evangelización y violencia*, a la cristianización de las comunidades americanas autóctonas durante el primer siglo de conquista española.[1] La incorporación del Nuevo Mundo a la cultura y la religión europeas reviste gran significado, especialmente en la actual coyuntura intelectual en la que antropólogos y etnohistoriadores redescubren el significado fundamental que las convicciones, los símbolos y los ritos religiosos tienen en la historia de los pueblos americanos.[2] Este ensayo no pretende más que compartir una sencillas migajas de investigación y reflexión sobre tres asuntos: los dilemas de la incorporación de los pueblos americanos a la cultura y la religión europeas, las valoraciones divergentes de los cultos autóctonos y el debate sobre los métodos coercitivos o persuasivos de cristianizar las comunidades nativas.

Civilizar y cristianizar: La redención del bárbaro

Desde el primer instante en que europeos y nativos del Nuevo Mundo se encontraron y miraron, América fue tierra de desencuentros y equivocaciones. El mundo espiritual latinoamericano, enrejado de cultura ibérica y religiosidad cristiana, irrumpe históricamente de esos desencuentros y equivocaciones. Su nacimiento no fue sencillo ni tranquilo; fue más bien un encuentro traumático en el que la pasión y la violencia se abrazaron estrechamente con la devoción y el sacrificio. Del lado de quienes reclamaron el derecho y el poder sobre la vida y la muerte, el encuentro/desencuentro, la comprensión/equivocación, se inscribieron bajo los signos excelsos de una doble misión de trascendencia histórica: civilizar y cristianizar a bárbaros e infieles.[3]

---

[1] Cf. Luis N. Rivera Pagán, *Historia de la Conquista de América: Evangelización y violencia* (Barcelona, España: Editorial CLIE, 2021).

[2] Cf. Geoffrey W. Conrad y Arthur A. Demarest, *Religión e imperio: Dinámica del expansionismo azteca e inca* (México, D. F.: Consejo Nacional para la Cultura y las Artes - Alianza Editorial Mexicana, 1990).

[3] Aunque desde una óptica apologética que no comparto, son útiles las investigaciones de Pedro Borges Morán, O. F. M., sobre el entrelazamiento de la doble tarea de civilizar y evangelizar. Véase su libro *Misión y civilización en América* (Madrid: Alhambra, 1987). Para una perspectiva crítica con honda sofisticación teórica recomiendo el libro de Walter D. Mignolo, *The Darker Side of the Renaissance: Literacy, Territoriality, & Colonization* (Ann Arbor, MI: The University of Michigan Press, 1995).

La famosa carta de Cristóbal Colón, del 15 de febrero de 1493, primera noticia literaria de sus andanzas ultramarinas, es reflejo significativo de una equívoca doble percepción entre los europeos y los nativos.[4] Mientras que los segundos, según Colón, piensan que los europeos son seres celestiales ("creían muy firme que yo con estos navíos y gente venía del cielo y en tal catamiento me recibían...") el Almirante recalca tres elementos en la cultura de los habitantes de las islas caribeñas que serán fatales para el futuro de su existencia: la desnudez ("andan todos desnudos... como sus madres los paren..."), su tecnología primitiva ("no tienen fierro ni azero..."), y la ausencia del sentido de la propiedad privada ("davan lo que tenían como bestias...") En suma, carecen de los signos que definen a una sociedad que se rige por los dictámenes de la razón social, tal cual esta se ha cristalizado en el Renacimiento.[5] Tal es así que Colón, en el segundo viaje, aunque se percata que los aborígenes afirman que Cuba es isla, obligará a su tripulación de tres carabelas a corroborar una declaración jurada suya de que Cuba es península, tierra continental, "la provincia de Mango", descrita por Marco Polo. Porque ¿quién hace caso a unos salvajes primitivos, que son, como indica la declaración jurada, "gente desnuda que... ni saben que sea el mundo..."?[6]

---

[4] Cristóbal Colón (ed. de Consuelo Varela), *Textos y documentos completos: Relaciones de viajes, cartas y memoriales*. Madrid: Alianza Editorial, 1982, 139-146.

[5] Por un fugaz momento, las observaciones colombinas condujeron la imaginación cristiana por la dirección de entender a los indígenas como seres adánicos, inocentes y libres de la taras y lacras de la civilización europea. El Papa Alejandro VI, en la más famosa de las llamadas "bulas alejandrinas", de 1493, los describe como "gentes que viven en paz, y andan, según se afirma, desnudas y que no comen carne... y que parecen asaz aptos para recibir la Fe Católica..." "Bula *Inter caetera*", en Martín Fernández de Navarrete, *Colección de los viages y descubrimientos que hicieron por mar los españoles desde fines del siglo XV* (Buenos Aires: Editorial Guaranía, 1945), tomo II, 43. Se impuso, empero, la visión de un salvajismo idolátrico que debe superarse, probablemente por métodos coercitivos. Naturalmente, desde *Utopía* (1516), de Tomás Moro, se mantendría la percepción alterna del "buen salvaje", otra manera europea de reconstruir al ser americano de acuerdo a paradigmas simbólicos cristianos.

[6] Declaración jurada del 12 de junio de 1494, en Fernández de Navarrete, *Colección de los viages y descubrimientos*, tomo II, 172-173. Sobre los dislates cosmológicos y geográficos de Cristóbal Colón, véase Luis N. Rivera Pagán, "Reflexiones irreverentes sobre el quinto centenario y un almirante perdido", en, del mismo autor, *Los sueños del ciervo: Perspectivas teológicas desde el Caribe* (Río Piedras: Concilio Evangélico de Puerto Rico, 1995), 41-51.

Una observación adicional en la epístola de febrero de 1493 hará historia. Colón sentencia que los caribeños insulares están prestos a aceptar la fe cristiana ("Se harán cristianos... para lo que espero que determinarán Sus Altezas: para la conversión d'ellos a nuestra sancta fe, a la cual son muy dispuestos"). Claro, que para que esa empresa evangelizadora tenga sentido, es necesario aclarar que los habitantes son humanos y no monstruos ("no he hallado ombres mostrudos... más antes es toda gente de muy lindo acatamiento...") Al no ser monstruos, pueden y deben civilizarse y cristianizarse.[7] Colón sienta las bases para esa doble tarea: toma posesión de tierras y pueblos ("hallé muy muchas islas pobladas... y d'ellas todas he tomado posesión..."), las bautiza y renomina ("a la primera que yo hallé puse nonbre Sant Salvador... los indios la llaman Guanahaní").[8]

¡Que extraordinaria contradicción en la percepción cultural del Otro inesperado! Por un lado, la idealización y transfiguración: seres divinos y celestes; por el otro, un doble desdén: seres incultos y paganos. Esa segunda mirada se convertirá, en el siglo dieciséis, en dogma y ortodoxia en la pluma de oficiales coloniales, intelectuales cortesanos, jerarcas eclesiásticos y teólogos misioneros.

Vasco de Quiroga, funcionario real para la Nueva España y luego obispo de Michoacán, en una obra que escribe en 1535 para denunciar la injusta esclavización de muchos nativos, se plantea la cuestión clásica de la licitud de la conquista. El problema es obvio: ¿es justificable conquistar a pueblos que en nada han agredido y ofendido a España? La tradición medieval de la guerra justa parecería conducir a una respuesta negativa. Pero, asevera Quiroga, esta tradición se refiere a "infieles políticos que a lo menos saben y guardan la ley natural y no honran muchos dioses, y tienen rey y Ley, y vida política y ordenada". Distinta conclusión hay que sacar respecto a los nativos americanos, pues estos son gente bárbara... que viven derramados como animales por los campos sin buena policía... fieros, bestiales y crueles, perjudiciales, inhumanos e ignorantes... y en culto de muchos y diversos dioses, y contra ley natural... como gente bárbara y cruel, y en ignorancia de

---

[7] Emanuele Amodio trae a colación el punto de que aunque los europeos se darán cuenta rápido que los habitantes del Nuevo Mundo no son monstruos físicos, como inicialmente se había sospechado, pronto se les atribuirá monstruosidades culturales - antropofagia, sacrificios humanos, falta de propiedad privada - que serán determinantes en su imagen e instrumentalización. *Formas de la alteridad: Construcción y difusión de la imagen del indio americano en Europa durante el primer siglo de la conquista de América* (Quito: Ediciones ABYA-YALA, 1993).

[8] *Textos y documentos completos*, 139-146.

las cosas y del buen vivir político, y sin ley ni rey, como son estos naturales..."⁹ Su infidelidad agreste y salvaje plantea el imperativo de la hegemonía española. Sólo que Quiroga entiende que esta tiene que expresarse mediante un imperio filantrópico, paternal y benéfico, una especie de translación de la *Utopía* de Tomás Moro a un contexto colonial. La cultura cristiana como el amor paternal a los pobres indios que carecen de todo y que recibirán de los cultos cristianos todo lo necesario, todo menos el derecho a la autodeterminación.

Francisco López de Gómara, intelectual cortesano, describe de la siguiente manera a los nativos, en el prólogo de su *Historia general de las indias*, publicada en 1552: "No tienen letras, ni moneda, ni bestias de carga: cosas principalísimas para la policía y vivienda del hombre..." Son, por consiguiente, salvajes, incultos, incapacitados de conducir, por ellos mismos, una vida social racional. Pero, además, "están en grandísimos pecados de idolatría, sacrificios de hombres vivos, comida de carne humana, habla con el diablo, sodomía, muchedumbre de mujeres y otros así". La idolatría es un pecado capital, la máxima ofensa a Dios: la adoración de las criaturas en desmedro del culto al Dios único y verdadero. La idolatría es también una "habla con el diablo", una empresa diabólica que lleva a pecados abominables como el sacrificio humano, la antropofagia, la sodomía y la poligamia. López de Gómara, por tanto, ya no conserva la ingenua ilusión inicial de Colón: la cristianización de los nativos, norte ideológico de toda la conquista, no es fácil ni sencilla; hay que luchar a brazo partido contra la idolatría diabólica.

No es que los nativos sean bestias irracionales; "son como nosotros... que de otra manera bestias y monstruos serían, y no vendrían, como vienen, de Adán..." De acuerdo con la teoría monogenética propia de la cristiandad tradicional, estos indios son humanos; como tales pueden ser objetos de la acción de los europeos, quienes asumen la tarea/misión providencial ("quiso Dios...") de civilizarlos y cristianizarlos. La tensión paradojal pende de dos polos: son humanos; son incultos e infieles: la tarea histórica es comunicarles la cultura y el evangelio. Esta empresa adquiere, según el cronista cortesano, un significado trascendental: "La mayor cosa después de la creación del mundo, sacando la encarnación y muerte del que lo crió..."¹⁰

---

⁹ Vasco de Quiroga, *Información en derecho del licenciado Quiroga sobre algunas provisiones del Real Consejo de Indias* (ed., Carlos Herrejón) (México, D. F.: Secretaría de Educación Pública, 1985), 72

¹⁰ Francisco López de Gómara, *Historia general de las indias* (1552) (Madrid: Biblioteca de Autores Españoles (t. 22), Ediciones Atlas, 1946), 156.

¿Y los teólogos? El jesuita José de Acosta, buen conocedor de la obra misionera en toda América, repite, en el último cuarto del siglo dieciséis, la paradoja entre la esencia humana y la existencia salvaje de los nativos. Son humanos, hijos de Adán, con capacidad de raciocinio. Escribe su *Historia natural y moral de las Indias*, para, entre otras cosas, "deshacer la falsa opinión que comunmente se tiene de ellos, como gente bruta, y bestial y sin entendimiento..."[11] Pero, "todos están privados de la luz del evangelio y desconocen la política humana..." Aunque el objetivo último de la obra de Acosta es misionero, insiste en el imperativo de comunicar a los bárbaros americanos la cultura política europea, pues ellos "apenas tienen conocimiento de la sabiduría ni participan de la luz de la razón". Algunos, como los náhuatls y los quechuas, tienen instituciones jurídicas y políticas que son apreciables, aunque éstos también, "descaecen mucho de la recta razón..." Otros, la mayoría de las comunidades americanas, llevan una existencia ferina, "salvajes semejantes a fieras..."[12] De aquí, nuevamente, la comisión dual, a la cual dedica su otra obra, *De procuranda Indorum salute*: civilizar y evangelizar.

Gracias a Acosta el término bárbaro, con su doble connotación de inferior e infiel, se hace vocablo técnico ortodoxo en la emergente teología misionera global. *De procuranda Indorum salute* se inicia con una taxonomía de los pueblos bárbaros, antes lejanos, ahora accesibles a la cultura y la religión europeas. Nuevamente la antinomia: son seres humanos, pero, por su barbarie, incapaces de auténtico protagonismo histórico y desprovistos de la fe verdadera. Como humanos bárbaros son el reto y desafío para la acción transformadora del europeo cristiano. Son bárbaros infieles a redimir.

Ciertamente, en la polifonía del siglo dieciséis está la exclamación disidente, el contrapunteo, de Bartolomé de las Casas, quien escribirá obra tras obra - tratados, historias, crónicas, memoriales, epístolas, denuncias, sermones, guías para confesionarios, hasta su testamento final - tratando de demostrar una tesis central: la humanidad con íntegra racionalidad y libre albedrío de los nativos de América. Edward W. Said ha escrito que en la cultura literaria británica "hubo casi total unanimidad en la proposición de que las razas dominadas debían ser regidas [por Inglaterra], justo por **ser** razas

---

[11] José de Acosta, *Historia natural y moral de las Indias* (1590) (México, D. F.: Fondo de Cultura Económica, 1985), l. 6, c. 1, 280.

[12] *De procuranda indorum salute* (*Predicación del evangelio en las Indias*, 1588) (ed. Francisco Mateos, S. J.) (Madrid: Colección España Misionera, 1952), 45-47.

a dominarse..."¹³ Las más de cinco décadas (1514 - 1566) de abundante producción literaria de Las Casas hace imposible decir lo mismo respecto a la conquista española de América.

Por su enorme importancia para la tradición profética latinoamericana y caribeña, resumamos brevemente la postura disidente del Obispo de Chiapas. La idea de que los indígenas son defectuosos en su humanidad, el tenerlos "por bestias incapaces de doctrina y de virtud", a quienes, se alega, les falta "el ser de hombres", se considera por Las Casas "escandalosa y errónea ciencia y perversa conciencia". Conlleva una afrenta a "la dignidad de la racional criatura" y, peor aún, a Dios, supuesto responsable "de consentir que saliese... [esta] especie monstruosa... falta de entendimiento y no hábil para el regimiento de la vida humana".¹⁴ Para el fraile dominico, "todas las naciones del mundo son hombres y de todos los hombres y de cada uno dellos es una no más la definición: todos tienen su entendimiento y voluntad".¹⁵

Para demostrar esta tesis escribe una monumental obra, la *Apologética historia sumaria*, el esfuerzo más impresionante de un europeo, blanco y cristiano para demostrar la integridad racional y plena humanidad de pueblos no-europeos, no-blancos y no-cristianos. Todo el objetivo de este extraordinario escrito es demostrar, de múltiples maneras, la tesis que hemos visto, a saber: "Todas las naciones del mundo son hombres, y de todos los hombres y de cada uno dellos es una no más la definición, y esta es que son racionales; todos tienen su entendimiento y su voluntad y su libre albedrío como sean formados a la imagen y semejanza de Dios..."¹⁶ Esta universal racionalidad y capacidad de auto-determinación inteligente se niega, en el caso de los indígenas, para explotar inescrupulosamente su trabajo.

> Porque los hombres mundanos, ambiciosos y deseosos de abundar en las riquezas y placeres de este mundo... para extraer con mayor libertad y sin ningún impedimento lo que intentaban conseguir como fin último, a saber, el oro y la plata en que tienen puestas sus esperanzas... de la durísima esclavitud, y más todavía de la pesadísima opresión, de la

---

¹³ *Culture and Imperialism* (New York: Alfred A. Knopf, 1993), 53.

¹⁴ *Historia de las Indias* (México, D. F.: Fondo de Cultura Económica, 1986), prólogo, t. 1, 13-20.

¹⁵ Ibid., l. 2, c. 58, t. 2, 396.

¹⁶ *Apologética historia sumaria* (ed. Edmundo O'Gorman) (2 vols) (México, D. F.: Universidad Nacional Autónoma, 1967), l. 3, c. 48, t. 1, 257-258.

muerte, de la desolación... de innumerables hombres... excogitaron un nuevo modo para encubrir de alguna manera sus injusticias y su tiranía y para justificarse a juicio suyo.

Este modo es el siguiente: asegurar falsamente de las naciones indianas que estaban alejadas de tal manera de la razón común a todos los hombres, que no eran capaces de gobernarse a sí mismas... y que, por tanto, podían servirse de ellos a su capricho.[17]

Las Casas reafirma "que estas gentes gentiles destas nuestras Indias son naciones humanas"; son "razonables", poseedoras de razón, pues "desta propiedad humana y universal ninguna nación del mundo excluyó la Divina Providencia". Si algunas de sus comunidades parecen "silvestres y bárbaras",[18] así también lo habían sido, siglos atrás, naciones hoy consideradas cultas y civilizadas, como España.

La idea de que los indígenas americanos "son naciones humanas" implica algo más que la afirmación de que no deben esclavizarse, de que son libres individualmente. Conlleva también su libertad colectiva y política. "De su *natura* son libres y tienen sus reyes y señores naturales que gobiernan sus policías..."[19] De esta concepción antropológica surgió la frustrada utopía lascasiana de que el imperio hispano cristiano debía sustentar, no abolir, las estructuras políticas autóctonas de las naciones indígenas y respetar su autonomía y autodeterminación. Y como consecuencia última de esta postura salió su controvertida duodécima réplica a Juan Ginés de Sepúlveda en la que defendió la posibilidad de que las naciones nativas proclamasen con justicia su independencia (aunque a renglón seguido adelantó su reserva sobre la sabiduría de tal paso extremo).[20]

---

[17] *Del único modo de atraer a todos los pueblos a la verdadera religión* (México, D. F.: Fondo de Cultura Económica, 1942), 363.

[18] *Apologética historia sumaria*, l. 3, c. 48, t. 1, 257-258.

[19] *Historia de las Indias*, l. 3, c. 149, t. 3, 343.

[20] Bartolomé de las Casas, "Aquí se contiene una disputa o controversia", *Tratados* (México, D.F.: Fondo de Cultura Económica, 1974), vol. I, 433-435. Cf. Vidal Abril-Castelló, "La bipolarización Sepúlveda-Las Casas y sus consecuencias: La revolución de la duodécima réplica", en Demetrio Ramos et al, *La ética en la conquista de América* (*Corpus Hispanorum de Pace*, Vol. XXV) (Madrid: Consejo Superior de Investigaciones Científicas, 1984), 229-288.

Sin duda, un sueño de quimeras como pocos, asentado además sobre el paradójico zócalo de las bulas alejandrinas y las instrucciones colonizadoras de los Reyes Católicos, como textos fundantes del destino histórico de los pueblos americanos. Empero, en haberse entregado en alma y cuerpo, con una pasión que todavía nos deja perplejos, a la ilusión de que en el mundo de la violencia humana prevaleciese la justicia divina, estriba la peculiar nobleza de Bartolomé de las Casas.[21]

Civilizar y cristianizar a los salvajes e infieles - de esa doble misión trascendental nace el destino y la tragedia de la cultura y la evangelización de América. Desde el primer encuentro entre europeos cristianos y los pueblos americanos, los primeros plantearon la transformación espiritual de los segundos como objetivo esencial del proceso de conquista y colonización. Lo que otros imperios han tolerado - el refugio en la espiritualidad nativa tradicional mientras la metrópoli se apropia de la fuerza de trabajo, las riquezas minerales, el tributo, o el mercado cautivo - el ibérico, por razón de su historia particular, no estaba dispuesto a permitir. La unidad religiosa se concebía como pilar de la identidad nacional. Por eso, la colonización de América bien puede entenderse como una intencionada conquista espiritual integral.[22]

Puede, empero, discutirse la eficacia de ese intento. Las modernas investigaciones de campo destacan la resistencia espiritual de los pueblos subyugados, la cual con frecuencia se sutiliza mediante el sincretismo religioso y el mestizaje cultural, lo que Mercedes López-Baralt, en su brillante estudio sobre la iconografía de Guamán Poma de Ayala, ha tildado de "dialéctica entre aculturación y resistencia cultural",[23] y que ha excitado la atención literaria de narradores como Alejo Carpentier y Carlos Fuentes.[24] Bien podría aplicarse al sincretismo religioso y al mestizaje cultural

---

[21] Sobre Las Casas véase el hermoso y enjundioso libro de Gustavo Gutiérrez, *En busca de los pobres de Jesucristo: El pensamiento de Bartolomé de las Casas* (Lima: Centro de Estudios y Publicaciones, 1992).

[22] Véase el texto clásico de Robert Ricard, *La conquista espiritual de México. Ensayo sobre el apostolado y los métodos misioneros de las órdenes mendicantes en la Nueva España de 1523-24 a 1572* (México, D. F: Fondo de Cultura Económica, 1986).

[23] Mercedes López-Baralt, *Icono y conquista: Guamán Poma de Ayala* (Madrid: Ediciones Hiperión, 1988).

[24] Alejo Carpentier, *Los pasos perdidos* (México, D. F.: Compañía General de Ediciones, 1966). Carlos Fuentes, "Los hijos del conquistador", en *El naranjo, o los círculos del tiempo* (México, D. F.: Alfaguara, 1993), 61-113.

latinoamericanos lo que Foucault afirma en una de sus obras de arqueología conceptual: "Donde hay poder hay resistencia, y no obstante... ésta nunca está en posición de exterioridad respecto del poder..."[25] Fernando Cervantes ha mostrado como el sincretismo religioso brota espontáneamente del esfuerzo de las comunidades nativas por rearticular su identidad colectiva y rediseñar una cosmovisión que confiera sentido a su existencia.[26] Caso clave y de primerísima importancia: las metamorfosis y metempsicosis de la Virgen de la Guadalupe.[27]

Culto y cultura: La idolatría diabólica

Un problema crucial en la historia de la expansión misionera del cristianismo, desde el Nuevo Testamento mismo, ha sido la relación entre "la fe y las culturas". En ocasiones, ha prevalecido la idea de que en una cultura pagana dada es posible encontrar ideas, símbolos y ritos que a su manera anticipan al cristianismo. Son como "semillas del evangelio". Si Dios pretende la redención de toda la humanidad y ésta es universalmente forjada a la imagen de su creador, entonces toda cultura debía participar, de algún modo, en la preparación de la revelación cristiana. En otras ocasiones, ha imperado la visión opuesta y la cultura pagana es vista como negación de los valores, ideas y usos cristianos. La evangelización así entendida conlleva un proceso concurrente de ruptura con las tradiciones populares, de desculturación (que a fin de cuentas, que duda cabe, se convierte en transculturación, en la asimilación a una cultura distinta).[28]

---

[25] Michel Foucault, *Historia de la sexualidad, vol. I: La voluntad de saber* (México, D. F.: Siglo XXI, 1995), 116.

[26] Fernando Cervantes, *The Devil in the New World: The Impact of Diabolism in New Spain* (New Haven: Yale University Press, 1994), segundo capítulo, 40-73.

[27] Cf. Jacques Lafaye, *Quetzalcoatl et Guadalupe: La formation de la conscience nationale au Mexique* (Paris: Gallimard, 1974); Edmundo O'Gorman, *Destierro de sombras: Luz en el origen de la imagen y el culto de Nuestra Señora de Guadalupe del Tepeyac* (México, D. F., 1986); Jeanette Rodríguez, *Our Lady of Guadalupe: Faith and Empowerment Among Mexican-American Women* (Austin, TX: University of Texas Press, 1994).

[28] La disyuntiva aflora en el siglo segundo, en el debate teológico sobre la relación entre el evangelio cristiano y la cultura grecorromana. Justino, el mártir, defendió la idea de un origen trascendental común a ambas, el *lógos spermatikós*, lo cual permite a la teología cristiana apropiarse la filosofía clásica. Tertuliano promovió la tesis opuesta, representada por su

La opción por el modelo a seguir depende en buena medida del concepto que tenga el misionero sobre el tema teológico clásico de la relación entre la gracia y la naturaleza humana.[29] Pero también depende, en otra buena medida, de la estima que se tenga del culto que subyace a toda cultura. Con algunas notables excepciones, en los proyectos evangelizadores de los europeos cristianos se impuso una visión negativa y demonizante de los cultos de los pueblos autóctonos.

La diabolización de la idolatría nativa recibió considerable atención teológica por los conquistadores y misioneros. Pierre Duviols ha sentenciado categóricamente que "la demonología fue sin duda la ciencia teológica más compartida por conquistadores y colonizadores"[30] El fraile jerónimo Ramón Pané, a quien Colón encomienda el estudio de los usos y costumbres de los pueblos antillanos y quien por primera vez describe, en lengua europea, la simbología y mitología de una comunidad americana, fue probablemente el primero en articular la tesis de que el culto indígena es una "idolatría de gente ignorante que adora a los demonios."[31] Hernán Cortés reviste su asedio a Tenochtitlán del ropaje de cruzada contra la idolatría diabólica: "Cuánta solicitud y vigilancia los naturales de esta parte tienen en la cultura y veneración de sus ídolos, de que a Dios Nuestro Señor se hace gran deservicio y el demonio, por la ceguedad y engaño en que los trae es de ellos muy venerado".[32]

Los fragmentos recuperados del texto de fray Bernardino de Sahagún sobre los coloquios, en 1524, de los doce misioneros franciscanos con los príncipes aztecas que sobrevivieron la destrucción de la capital mexica muestran a todas luces que la demonización de la religión nativa constituyó

---

famosa pregunta retórica: "¿Qué tienen en común Atenas y Jerusalén, la Academia y la Iglesia?" *De praescriptione haereticorum*, vii.

[29] Cf. Fernando Cervantes, *The Devil in the New World*, primer capítulo, 5-39.

[30] Pierre Duviols, *La lutte contre les religions autochtones dans le Pérou colonial: l'extirpation de l'idolatrie entre 1532 et 1660*. París-Lima: Institut Français d'Études Andines, 1971, 29: "la démonologie fut sans doute la science théologique la mieux partagée parmi le conquérants et colonisateurs..."

[31] *Relación acerca de las antigüedades de los indios* (ed. por José Juan Arrom) (México, D. F.: Siglo XXI, 1987), 35, 47.

[32] *Documentos cortesianos, 1518-1528* (ed. José Luis Martínez) (México, D. F.: Universidad Nacional Autónoma de México - Fondo de Cultura Económica, 1990), 165.

una pieza clave en la apología cristiana. "He aquí quienes son estos demonios, quienes han expandido sus maleficios y su traición en el mundo entero. Se hicieron pasar por dioses y muchos les creyeron, les adoraron y se dejaron engañar. Tal es vuestro caso. Podéis estar seguros que ninguno de aquellos que vosotros adoráis es Dios, ninguno de ellos es fuente de vida, no son más que diablos del infierno".[33]

Gerónimo de Mendieta narra con placer la destrucción y quema de templos nativos, en la Nueva España, del 1 de enero de 1525.

> La idolatría permanecía... mientras los templos de los ídolos estuviesen en pie. Porque era cosa clara que los ministros de los demonios habían de acudir allí a ejercitar sus oficios, y convocar y predicar al pueblo, y hacer sus acostumbradas ceremonias. Y atento a esto se concertaron los [frailes]... de comenzar a derrocar y quemar los templos, y no parar hasta tenerlos todos echados por tierra, y los ídolos juntamente con ellos destruidos y asolados... Cumpliéronlo así, comenzando a ponerlo por obra en Texcuco, donde los templos eran muy hermosos y torreados, y esto fue el año de mil quinientos veinticinco, el primer día del año. Y luego tras ellos los de México, Tlaxcala y Guexozingo... Así cayeron los muros de Jericó...[34]

La confrontación entre europeos y americanos se concibió, por parte de los primeros, en el contexto de una lucha divina, trascendental y cósmica, en la que hay un victorioso, Dios, y un derrotado, Satanás. "Y por mucho que el demonio se esforzó, Jesucristo lo desterró del reino que aquí poseía..."[35] La devastación de los templos paganos es la expresión visible y tangible de la victoria de la deidad cristiana sobre su sempiterno adversario.

En Perú, el cronista Cieza de León se regocija por el progreso acelerado de la política, implantada por los Pizarro, de demoler los templos gentiles y sustituirlos por símbolos religiosos cristianos. "Los templos antiguos que generalmente llaman guacas, todos están ya derribados y profanados, y los

---

[33] Christian Duverger (ed.), *La conversión de los indios de la Nueva España*, con el texto de los Coloquios de los Doce, de Bernardino de Sahagún (1564) (Quito: Ediciones Abya-Yala, 1990), 92.

[34] *Historia eclesiástica indiana* (1596) (tercera edición facsimilar) (México, D. F.: Editorial Porrúa, 1980), l. 3, c. 20, 227-228.

[35] Ibid., l. 3, c. 18, 224.

ídolos quebrados, y el demonio, como malo, lanzado de aquellos lugares, a donde por los pecados de los hombres era tan estimado y reverenciado; y está puesta la cruz".[36] Ojos más críticos, o quizá más cínicos, han percibido en la ofensiva iconoclasta dirigida contra los templos e ídolos incas otra motivación de índole secular: el saqueo de las riquezas vinculadas a éstos. La "religión del oro" la ha llamado Pierre Duviols, quien entre 1532 y 1550 encuentra entre los conquistadores del Perú poco celo evangelizador pero mucho entusiasmo crematístico en la expropiación de los bienes dedicados a las *huacas* y al culto aristocrático de los antepasados.[37]

José de Acosta describe, como expresiones homicidas de la esencia diabólica de la idolatría indígena, los sacrificios humanos llevados a cabos por los nativos de México y el Perú. Su objetivo fundamental nunca es etnológico o antropológico, sino teológico y, sobre todo, apologético: demostrar "el rabioso odio" que Satanás, "como su tan cruel adversario" tiene por la humanidad. Procura Lucifer "la perdición de los hombres en almas y cuerpos... y así por todas vías era infinita cosa la sangre humana que se vertía en honra de Satanás". Los sacrificios humanos demuestran el carácter corruptor y degradante de la idolatría, la cual es "un abismo de todos los males".[38] Por eso se toma en serio el trabajo de relatar las "abusiones y supersticiones" que tuvieron los indios "en el tiempo de su gentilidad", cosa de que los encargados de su instrucción religiosa y cultural puedan reconocerlas y "no se consientan".[39] Aquí asoma la cara la censura inquisitorial.

Acosta trae a colación el *locus classicus* anti-idolátrico, constante en la mente, de los misioneros de la época - la condena de la adoración de los ídolos en el deuterocanónico *Libro de la Sabiduría*.[40]

La invención de los ídolos fue el principio de la fornicación;
su descubrimiento, la corrupción de la vida...
De aquí provino la acechanza que se le tendió a la vida:

---

[36] Pedro de Cieza de León, *La crónica del Perú* (1553) (ed. Enrique de Vedia). Madrid: Biblioteca de Autores Españoles (t. 26), Ediciones Atlas, 1947, c. 57, 179.

[37] *La lutte contre les religions autochtones*, 78-79, 97.

[38] *Historia natural y moral*, l. 5, cs. 19-21, 248-254.

[39] Ibid., l. 5, c. 28, 271.

[40] *De procuranda indorum salute*, 457-462.

que... dieron los hombres a piedras y leños el Nombre incomunicable...
es el culto de los ídolos sin nombre
principio y causa de todos los males.[41]

Este texto se traduce, en el campo de la lucha contra los cultos nativos, en la afirmación, constante en muchos escritores del siglo dieciséis, de que la idolatría diabólica es el fundamento de los "vicios" y la "abominaciones" que afean la cultura aborigen, sobre todo la atroz tríada del sacrificio humano, la antropofagia y la sodomía. En la introducción a su historia de la conquista, López de Gómara vincula la idolatría con los "grandísimos pecados de... sacrificios de hombres vivos, comida de carne humana, habla con el diablo, sodomía, muchedumbre de mujeres, y otros así".[42]

¿Cómo explicar ciertas similitudes y analogías entre algunas creencias y rituales indígenas y la religión cristiana? El descubrimiento de ideas y ceremonias religiosas parecidas a las europeas podría conducir a una valoración positiva de las cosmovisiones nativas; pero, Acosta ve en tales analogías más bien parodias del demonio, inversiones miméticas de Satanás, quien con astucia se las ingenia para engañar a los nativos - "y remedando el demonio el uso de la Iglesia de Dios..." Son artimañas hábiles del "padre de la mentira". Al describir, por ejemplo, las estrictas disciplinas ascéticas y penitenciales de la religiosidad nativa peruana, Acosta las sintetiza como "embustes del que ninguna cosa ama más que el daño y perdición de los hombres".[43]

En la Nueva España, Bernardino de Sahagún justifica esta guerra contra la religiosidad autóctona. Su obra, rica fuente de conocimiento etnográfico sobre la cultura náhuatl, se enmarca en una perspectiva médica. Estudia los ritos, ceremonias, símbolos y costumbres indígenas como síntomas de una grave enfermedad, titulada idolatría diabólica.

> El médico no puede acertadamente aplicar las medicinas al enfermo (sin) que primero conozca de qué humor, o de qué causa proceda la enfermedad... los predicadores y confesores médicos son de las ánimas, para curar las enfermedades espirituales conviene (que) tengan experiencia de las medicinas y de las enfermedades espirituales... Los pecados de la idolatría

---

[41] *Libro de la Sabiduría* 14: 12, 21, 27 (versión de la Biblia de Jerusalén).

[42] *Historia general de las indias,* 156.

[43] *Historia natural y moral de las Indias*, l. 5, cs. 14-15, 239-240; c. 17, 245.

y ritos idolátricos, y supersticiones idolátricas y agüeros, y abusiones y ceremonias idolátricas, no son aún perdidos del todo.[44]

Recoge Sahagún las tradiciones religiosas y culturales de los pueblos mexicanos precolombinos "a propósito que sean curados de su ceguera".[45] Amonesta a los mexicanos a reconocer que "Huitzilopochtli no es dios... ni ninguno de los otros que adorabais, ni son dioses, todos son demonios". La extensa idolatría que aquejaba a México antes de la llegada de los europeos cristianos "fue la causa de que todos vuestros antepasados tuvieron grandes trabajos... y mortandades". Provocó, además, los castigos con que el único y verdadero Dios les ha azotado, al enviar contra los nativos "a sus siervos los cristianos, que les destruyeron a ellos y a todos sus dioses... porque aborrece Dios a los idólatras sobre todo género de pecadores..." La idolatría como causa del colapso demográfico de los nativos - no es tema que inventa Sahagún, se repite desde la muerte acelerada de los aborígenes caribeños a principios del siglo dieciséis (Oviedo y Valdés escribe: "Los avía de castigar é casi assolar Dios en estyas islas, seyendo tan viçiosos e sacrificando al diablo...")[46], pero al que el ilustre franciscano le confiere su prestigio.

Intuye Sahagún que los indios se las arreglan para mantener vivas sus tradiciones religiosas en la clandestinidad. Por eso exhorta a sus lectores a que si ven señales de tales ceremonias las delaten "a los que tienen cargo del regimiento espiritual o temporal, para que con brevedad se remedie". Hay que mantenerse alerta y en pie de lucha contra la idolatría demoníaca, pues "sé de cierto que el diablo ni duerme ni está olvidado de la honra que le hacían estos naturales, y que está esperando la coyuntura para... volver al señorío que ha tenido... y para entonces bien es que tengamos armas guardadas para salirle al encuentro". En esa batalla sin cuartel contra Satanás y la idolatría, el tierno franciscano adquiere matices de inquisidor: "No se debe tener por buen cristiano el que no es perseguidor de este pecado y de sus autores..."[47]

A pesar de que su intento de recuperar literariamente las tradiciones y costumbres culturales náhuatl se vería seriamente obstaculizado por la

---

[44] *Historia general de las cosas de Nueva España* (1482) (México, D. F.: Editorial Porrúa, 1985), "Prólogo", 17.

[45] Ibid., 429.

[46] Gonzalo Fernández de Oviedo y Valdés, *Historia general y natural de las Indias, islas y tierra firme del mar Océano* (publicada parcialmente en 1535 y 1547) (Madrid: Real Academia de Historia, 1851-1855) , l. 3, c. 6, t. 1, 74.

[47] *Historia general de las cosas de Nueva España*, 58-59, 285, 189, 64.

devastación de templos y lugares sagrados autóctonos, Sahagún, por compartir la concepción franciscana de una lucha cósmica y escatológica entre Dios y Satanás, se siente compelido a justificarla. "Necesario fue destruir todas las cosas idolátricas, y todos los edificios idolátricos, y aun las costumbres de la república que estaban mezcladas con ritos de idolatría y acompañadas con ceremonias idolátricas, lo cual había casi en todas las costumbres que tenía la república con que se regía, y por esta causa fue necesario desbaratarlo todo..."[48]

Sahagún desarrolla un enorme respeto por las tradiciones culturales nativas mexicanas. Su dilema procede del intento de separar drásticamente la cultura del culto religioso que constituye parte medular de ella. Al demonizar el culto, sin embargo, los intentos de conservar la cultura se problematizan y tornan contradictorios, sobre todo en un ámbito social en el que se da, en palabras de Duviols, una auténtica "proliferación de lo sagrado".[49]

De nuevo, es difícil aseverar que en el proceso de asimilar a los pueblos americanos a la cultura y la fe europeas, en todo momento prevaleció *una* concepción, *una* estrategia, *una* visión. En los *Comentarios reales* del Inca Garcilaso de la Vega se diseña una perspectiva alterna, un contrapunteo disidente. Consciente del menosprecio que a manos de cronistas e intelectuales hispanos han sufrido sus antecesores, Garcilaso opone su visión de la cultura y la religiosidad incas como un desarrollo positivo de gran significado respecto a (1) el predominio entre los nativos andinos de la ley natural o la sociabilidad racional humana y (2) la superación de la idolatría animista en aras de un monoteísmo, solar, primero, (la adoración casi exclusiva del dios-sol) y espiritual, luego, en la reverencia a Pachacamac - animador trascendental de todo el ser.

> Permitió Dios Nuestro Señor que de ellos mismos saliese un lucero del alba, que... les diese alguna noticia de la ley natural y la urbanidad... haciéndoles capaces de razón y de cualquiera buena doctrina... [Los primeros incas] les enseñaron la ley natural, y les dieron leyes y preceptos para la vida moral... En fin, no tuvieron más dioses que al sol, al cual adoraron por sus excelencias y beneficios naturales, como gente más considerada y política que sus antecesores... Además de adorar al sol por dios visible... los reyes incas, y sus amautas, que eran los filósofos, rastrearon con lumbre natural al verdadero sumo

---

[48] Ibid., 579.

[49] *La lutte contre les religions autochtones*, 337.

Dios y Señor Nuestro que crió el cielo y la tierra... al cual llamaron Pachacamac... el que da ánima al mundo universo..."[50]

La idea de Pachacamac implica que en el culto inca, previo al arribo de los misioneros europeos, había la semilla fecunda de la noción de una deidad universal y espiritual, superior incluso al sol. Garcilaso reproduce la leyenda según la cual uno de los últimos incas, Hayna Cápac, había intuido que el sol no es sino un instrumento celeste bajo la soberanía de una deidad superior. "El Rey Huana Cápac... dijo entonces: ... este Nuestro Padre el Sol debe tener otro mayor señor y más poderoso que él, el cual le manda hacer este camino que cada día hace sin parar..."[51] Por consiguiente, la cultura cristiana, en su doble vertiente de urbanidad civilizada y adoración exclusiva al único y verdadero Dios, no es una condición foránea, impuesta desde la exterioridad de la historia nativa, sino que es la coronación de una evolución endógena, propia de los incas.

Es un intento audaz de reconstrucción histórica que pretende ubicar al imperio inca en una posición similar a la conferida por la patrística cristiana a la antigüedad grecolatina. La primacía en el proceso de civilizar a los indígenas y de inculcarles una visión monoteísta y espiritual de la divinidad compete a la dinastía real inca, no a los conquistadores españoles. Y la religiosidad solar está, según el Inca Garcilaso, libre del dominio satánico que le atribuyen los escritores ibéricos.[52]

En general, puede decirse lo mismo sobre casi toda la producción "etnográfica" de los frailes y funcionarios - desde Ramón Pané en el Caribe hasta Bernardino de Sahagún en la Nueva España y Polo de Ondegardo en el Perú[53] -- que intentaron preservar literariamente las proscritas costumbres y creencias religiosas de los indígenas. Son obras de batalla ideológica; instrumentos sustanciales del arsenal teológico esgrimido contra las convicciones autóctonas. Su objetivo es informar sobre "las crueldades que el demonio en esta tierra usaba, y el trabajo con que les hacía pasar la vida a

---

[50] Inca Garcilaso de la Vega, *Comentarios reales* (2 tomos) (México, D. F.: Secretaría de Educación Pública - Universidad Nacional Autónoma, 1982), tomo 1, I. 15, 67, II. 1, 99, 101, II. 2, 103.

[51] Ibid., tomo 2, IX. 10, 338.

[52] En esta interpretación de los *Comentarios reales* sigo de cerca a Pierre Duviols, "The Inca Garcilaso de la Vega: Humanist Interpreter of the Inca Religion," *Diogenes*, No. 47, Fall 1964, 36-52.

[53] Sobre Polo de Ondegardo, véase Duviols, *La lutte contre les religions autochtones*, 99-107.

los pobres indios, y al fin para llevarlos a perpetuas penas".[54] Ironía traviesa de la historia es que la corte de Felipe II, en el último cuarto del siglo dieciséis, hará todo lo posible por impedir la publicación de escritos que reprodujesen las ideas, creencias y tradiciones cúlticas nativas, a pesar de su alegato de insertarse estratégicamente en el horizonte de lo que Duviols ha catalogado como "la lucha contra las religiones autóctonas" y las campañas para "extirpar la idolatría".

Es cierto que en muchas de esas obras se encuentra información valiosa para la reconstrucción histórica de la vida social de muchas naciones indígenas. "Si los extirpadores han destruido mucho, también han descrito mucho", según Duviols.[55] No puede negarse la presencia de la curiosidad intelectual, del deseo de informar "para que se vea y conozca cuán diversos y extraños son los ingenios e industrias de los hombres humanos".[56] Son materiales claves en el desarrollo de la antropología y la etnografía modernas. Impera, sin embargo, la noción, en el área crucial de las convicciones religiosas, filosóficas y morales, de que lo diferente es inferior y debe abolirse. La paradoja se hace dramática en autores como el franciscano Diego de Landa, obispo de Yucatán entre 1572 a 1579, responsable, por un lado, de la destrucción de gran cantidad de valiosos libros pictográficos mayas, por ser parte de la adoración nativa a los demonios, y, por el otro, de un texto, *Relación de las cosas de Yucatán*, clave para entender la escritura y la cultura yucatecas precoloniales.[57]

¿Cómo preservar la cultura y simultáneamente desligarla del culto considerado diabólico? Este dilema se convierte en aporía insoluble para teólogos, misioneros y educadores, al mismo tiempo perplejos, fascinados y llenos de pavor ante las peculiaridades de las tradiciones, ritos y ceremonias de los inéditos pueblos que se insertan en el horizonte de poder y saber de los europeos cristianos. Sobre las campañas de los siglos dieciséis y diecisiete en el Perú para extirpar las "idolatrías", asevera Pierre Duviols: "Es la cultura

---

[54] Fray Toribio de Benavente (Motolinia), *Historia de los indios de la Nueva España: Relación de los ritos antiguos, idolatrías y sacrificios de los indios de la Nueva España, y de la maravillosa conversión que Dios en ella ha obrado* (ed. de Edmundo O'Gorman). México, D. F.: Porrúa, 1984, trat. 1, c. 11, 49.

[55] *La lutte contre les religions autochtones*, 341: "Si les extirpateurs ont beaucoup détruit, ils ont aussi beaucoup décrit".

[56] Alvar Núñez Cabeza de Vaca, *Naufragios y comentarios* (1552) (México, D. F.: Editorial Porrúa, 1988), c. 30, 62.

[57] Diego de Landa, *Relación de las cosas de Yucatán* (México, D. F.: Biblioteca Porrúa No. 13, 1978).

indígena en su integridad la que está en riesgo de ser prohibida".[58] El trauma colectivo que esa amenaza conlleva no es difícil de imaginar, pero sí doloroso de compartir. De ese esfuerzo contradictorio por salvar unas almas liberándolas del culto de su cultura, nació traumáticamente la paradoja perpetua que es América Latina.

¡Lástima que por conveniencia metodológica Duviols se restrinja a los testimonios españoles, sin intentar percibir el clamor de los conquistados cuya religiosidad es menospreciada y su cultura cuestionada! Tampoco Fernando Cervantes, en su escrutinio de la figura del demonio en la Nueva España, logra traspasar las fronteras de las categorías conceptuales occidentales y ubicarse en el dolor de unos pueblos cuya religiosidad y cultura han sido diabolizadas.

A pesar de su admiración por los frailes misioneros europeos, Robert Ricard entiende que sus esfuerzos no obtuvieron el fruto deseado - forjar una iglesia auténticamente indígena en la Nueva España.[59] Sin embargo, no queda claro, en su excelente libro sobre la evangelización de México en el siglo dieciséis, *La conquista espiritual de México*, las razones para ese resultado que cataloga de "flaqueza capital". Ricard se da cuenta del extremo destructivo al que puede llevar la convergencia de dos sentimientos que anidan en el corazón de los misioneros: "el amor al alma del indio", y el "horror a toda heterodoxia". Pero, no logra enfocar cabalmente el problema de la imposición colonial de la cultura cristiana - ¿cómo forjar una cultura cristiana autóctona mediante la imposición forzada de una civilización y una religiosidad importadas? -, ni, tampoco se percata de la centralidad de la diabolización de las religiones nativas, lo que cercena toscamente las coyunturas entre el culto y el éthos social de los pueblos americanos. No se trata, meramente, de una concepción misionera de tabla rasa, de ruptura total con el pasado cúltico-cultural, como opina Ricard. Lo que impulsa a la entrega devota y el sacrificio abnegado por la salvación de las almas americanas, es la convicción de ser protagonistas de una lucha cósmica escatológica de las fuerzas divinas del bien contra Satanás y sus secuaces. Esa lucha se inscribe en el control de las almas y cuerpos de los pueblos subyugados.

Conquista evangelizadora o acción misionera

En su epístola de febrero de 1493, Cristóbal Colón afirma categóricamente: "Se harán cristianos... para lo que espero que determinarán

---

[58] *La lutte contre les religions autochtones*, 240: "C'est la culture indigène tout entière qui risque de tomber sous la coup de l'interdit".

[59] Ricard, *La conquista espiritual de México*, 408-421.

Sus Altezas: para la conversión d'ellos a nuestra sancta fe, a la cual son muy dispuestos".[60] Ese juicio, tan precipitado como todos los que acostumbra emitir el Almirante, acompaña la visión de los nativos como pacíficos, dóciles e indefensos - "Ellos no tienen fierro ni azero ni armas, ni son para ello... muestran tanto amor que darían los corazones... davan lo que tenían como bestias... son los más temerosos que ay en el mundo..."[61]

Al quebrarse colosalmente sus visiones ilusas iniciales (abundancia de metales preciosos, sobre todo oro, aptitud de los nativos antillanos para el trabajo servil intenso, colonización pacífica y cristianización acelerada), Colón tendrá una percepción distinta de los nativos - "gente salvaje, belicosa",[62] "salvajes y llenos de crueldad y enemigos nuestros",[63] pero no alterará el objetivo trascendental de la cristianización de las tierras encontradas.[64]

Se dio en el siglo dieciséis una confrontación entre dos paradigmas distintos de cristianización de América: El primero puede titularse **conquista evangelizadora** y propugna la obtención, por la fuerza militar de ser

---

[60] *Textos y documentos completos*, 142-143.

[61] Ibid., 141-144.

[62] Ibid., 252.

[63] Cristóbal Colón, *Los cuatro viajes: Testamento* (ed. de Consuelo Varela) (Madrid: Alianza Editorial, 1986), 296.

[64] Sobre la relación entre fe y oro en la empresa colombina, es útil comparar las perspectivas opuestas de Ramón Iglesia en su ensayo "El hombre Colón", en, del mismo autor, *El hombre Colón y otros ensayos* (México, D. F.: Fondo de Cultura Económica, 1986), 67-89 y Delno West en su introducción a *The "libro de las profecías" of Christopher Columbus* (tr. y ed. por Delno C. West & August Kling) (Gainesville, FL: University of Florida Press, 1991), 1-93. Mientras West acentúa en Colón la primacía de la fe sobre el interés comercial, Iglesia recalca la aspiración de lucro y subestima los motivos misioneros. Djelal Kadir ensaya conciliar ambas perspectivas, al percibirlas como dos dimensiones estrechamente vinculadas, no sólo en Colón, sino en la postura europea ante los nuevos territorios a evangelizarse y explotarse simultáneamente. De esta manera, se neutraliza la disputa entre quienes ven en Colón el portaestandarte de la modernidad y quienes lo perciben enclaustrado en las concepciones medievales. Djelal Kadir, *Columbus and the Ends of the Earth. Europe's Prophetic Rhetoric as Conquering Ideology* (Berkeley, CA: University of California Press, 1992), 48-53. Sobre este tema, véase mi libro *Entre el oro y la fe: el dilema de América* (Río Piedras: Editorial de la Universidad de Puerto Rico, 1995).

necesario, de la soberanía sobre los aborígenes como condición facilitadora de su evangelización. El segundo puede nominarse **acción misionera** y consiste en la persuasión de la razón y la adhesión de la voluntad mediante argumentos convincentes a la primera y atractivos a la segunda.

Aparentemente unos de los primeros en proponer la violencia como método misionero fue el jerónimo Ramón Pané, quien recomendó el uso de "fuerza y castigo" como instrumentos indispensables de conversión.[65] Pero, a nivel teórico, el principal defensor de la evangelización armada fue Juan Ginés de Sepúlveda quien propuso un alto grado de fuerza externa bajo el argumento de que "cuantos vagan fuera de la Religión Cristiana andan errantes y caminan hacia un precipicio seguro, a no ser que aun contra su voluntad los apartemos de cualquier modo que nos sea posible... Así, pues, afirmo que estos bárbaros no sólo deben ser invitados, sino también compelidos al bien, esto es, a la justicia y a la religión..."[66]

Transforma Sepúlveda la justificación que hace San Agustín de la compulsión estatal contra los herejes en un arma para vincular el "terror útil" a la "doctrina saludable" en la conversión de quienes cataloga, utilizando el vocablo aristotélico, de "bárbaros".

> Digo que han de ser dominados los bárbaros no sólo para que escuchen a los predicadores, sino también para que a la doctrina y a los consejos se unan además las amenazas y se infunda el terror... Cuando se añade, pues, al terror útil la doctrina saludable para que no sólo la luz de la verdad ahuyente las tinieblas del error, sino también la fuerza del temor rompa los vínculos de la mala costumbre, entonces, como dije, nos alegramos de la salvación de muchos.[67]

Sepúlveda y un buen número de promotores de la conversión *manu militari*, citaron reiteradamente a Lucas 14: 23 - "Sal a los caminos y cercas y obliga a entrar [Vulgata: *compelle intrare*] hasta que se llene mi casa..." - como

---

[65] *Relación acerca de las antigüedades de los indios*, 55

[66] *Demócrates segundo o de las justas causas de la guerra contra los indios* (edición crítica bilingüe, traducción castellana, introducción, notas e índices por Ángel Losada). Madrid: Consejo Superior de Investigaciones Científicas, 1951, 64-65 y 71.

[67] Ibid., 73.

locus classicus bíblico legitimador de la compulsión evangelizadora.[68] Su uso extendido a través del siglo dieciséis en los escritos de conquistadores, historiadores, teólogos y misioneros es ejemplo eminente de la transposición de un texto bíblico a un contexto inédito, novedoso: la formación de un imperio cristiano que acude a imágenes y conceptos religiosos para estructurar su autoconciencia.

La salvación de los bárbaros sería extremadamente difícil y ardua si se confiase únicamente en la persuasión racional y afectiva. El arraigo de viejas tradiciones, la represión de las castas sacerdotales y el salvajismo de los hábitos conspiran contra la aceptación de la fe cristiana. Sepúlveda desconfía

---

[68] Ibid., 22 (uso la versión de la Biblia de Jerusalén). Sepúlveda está citando a San Agustín en la epístola 93 de éste *Ad Vincentium* (408 D. C.). El obispo de Hipona utiliza Lucas 14:23 como base escrituraria del derecho de la iglesia y el estado para emitir leyes contra la herejía. Véase *Obras de San Agustín* (Madrid: Biblioteca de Autores Cristianos, 1958), vol. 8, 596-597. Diego de Covarrubias también aplicó este texto bíblico a la compulsión de la fe, pero rechazó su pertinencia respecto a la conversión forzada de los infieles. *De iustitia belli adversus indos*, (1548), en Luciano Pereña Vicente, *Misión de España en América (1540-1560)* (Madrid: Consejo Superior de Investigaciones Científicas, 1956), 227. José de Acosta lo usó para legitimar la "fuerza conveniente" o "voluntaria violencia" en la conversión de los nativos americanos. *De procuranda indorum salute*, l. 2, c. 1, 137. El fraile agustino Juan de Vascones lo usó en 1599 para defender la justicia de la guerra contra los indios araucanos y su esclavización. "Petición en derecho para el rey... para que los rebeldes enemigos del reino de Chile sean declarados por esclavos...", en Lewis Hanke y Agustín Millares Carlo(eds), *Cuerpo de documentos del siglo XVI sobre los derechos de España en las Indias y las Filipinas* (México, D. F.: Fondo de Cultura Económica, 1977), 307. Todavía a principios del siglo diecisiete, se utilizó el *compelle intrare* como base escrituraria para justificar la conquista armada de los pueblos indígenas. Véase la introducción que hace Zoyl Diez Flores a la obra anti-lascasiana de Benardo de Vargas Machuca, "Apología y discursos de las conquistas occidentales", en Antonio María Fabié, *Vida y escritos de don Fray Bartolomé de Las Casas, Obispo de Chiapa* (2 vols.) [(Madrid: Imprenta de Miguel Ginesta, 1879), reproducidos en la *Colección de documentos inéditos para la historia de España*, tomos 70 y 71, Vaduz: Kraus Reprint, 1966)], t. 71, 213-214. Algunos misioneros aludieron al *compelle intrare* como justificación bíblica para la asistencia compulsoria a la liturgia y la instrucción catequética posbautismal. La violación de esta norma conllevaba frecuentemente fuertes castigos físicos, sobre todo azotes públicos. Véase Lino Gómez Canedo, *Evangelización y conquista: Experiencia franciscana en Hispanoamérica* (México, D. F.: Porrúa, 1977), 177-180. Las Casas, en varios de sus escritos, insistió en que Lucas 14:23 y su interpretación agustiniana tenían vigencia respecto a los herejes, pero no a los infieles.

de la capacidad intelectual y espiritual de los indígenas para entender la teología europea. A diferencia de otros paganos, los indígenas del Nuevo Mundo no han podido desarrollar una idea monoteísta y espiritual de Dios, ni superar la salvaje costumbre del sacrificio humano. Para lograr su conversión se requiere la fuerza compulsora del estado. Transpone, como es su costumbre, un argumento aristotélico al asunto en cuestión: "Gran parte de los hombres obedece más por la fuerza que por las palabras y el razonamiento y se siente más obligada por los castigos que guiada por la honestidad".[69]

Acosta recogió el tema de la conquista evangelizadora, en *De procuranda indorum salute*. Tras elogiar "la manera antigua y apostólica de predicar el evangelio entre los bárbaros... sin ningún aparato militar", insiste que respecto a la mayoría de los pueblos americanos, tal proceder es una "extrema insensatez. Así que el modo y orden de los apóstoles, donde se puede guardar cómodamente, es el mejor y más preferible; pero donde no se puede, como es por lo común entre los bárbaros, no es prudente ponerse a riesgo, bajo especie de mayor santidad, de perder la propia vida y no ganar de modo alguno la ajena".

En el caso de muchas comunidades autóctonas americanas, se requiere cierto grado de compulsión estatal para que se acojan a la vida civilizada, factor indispensable para la genuina existencia cristiana. "Estas gentes hechas a vivir como bestias, dan muy poco lugar a costumbres humanas..." Es verdad que en el tiempo apostólico los predicadores del evangelio fueron muchas veces martirizados. Pero sus victimarios "eran hombres de razón..." Intentar el camino pacífico de llevar la fe a los bárbaros de las Indias, libre de todo auxilio militar, "será como pretender entablar amistad con jabalíes o cocodrilos". Ese martirio no tiene nada que ver con discrepancias religiosas; su única finalidad sería "darles con la propia carne un manjar más sabroso a su paladar..." En la evangelización de las Indias, se afirma la necesidad que el soldado acompañe al sacerdote.[70]

El tratado de Acosta pretende ser una especie de manual para los misioneros. Su concepción de la estrategia misionera se enmarca dentro de una sofisticada taxonomía de los pueblos "bárbaros". Hay, en su opinión, tres categorías de bárbaros. La primera es la de aquellos "que no se apartan

---

[69] *Demócrates segundo*, 74. Sepúlveda está citando a Aristóteles, en la *Ética a Nicómaco*, libro 10, capítulo 9 (1180ª). El filósofo ateniense, sin embargo, trata ahí de la relación entre legislación y virtud social, no de conversión religiosa forzada alguna.

[70] *De procuranda indorum salute*, l. 2, c. 8, 169-172.

demasiado de la recta razón". Tienen cultura literaria, leyes, magistrados e instituciones civiles estables y razonables. A éstos puede y debe predicársele la fe a la manera apostólica. Sin embargo, Acosta no logra dar un sólo ejemplo de algún pueblo del Nuevo Mundo que pueda ubicarse en esta categoría. Todas las instancias que adelanta son naciones del Asia Oriental - chinos, japoneses e hindúes.

La segunda categoría son aquellos pueblos que tienen algunas instituciones sociales razonables, pero que no han alcanzado el nivel de la cultura literaria ni conocimientos filosóficos o civiles profundos. Adolecen, además, de "tanta monstruosidad de ritos, costumbres y leyes... que si no son constreñidos por un poder superior, con dificultad recibirán la luz del evangelio, y tomarán costumbres dignas de hombres". A esta categoría pertenecen los aztecas y los incas. Su evangelización y civilización requieren la conquista y el previo dominio político, aunque debe mantenerse en lo posible sus "leyes y usos que no sean contrarios a la razón o al Evangelio".

Por último, una enorme cantidad de pueblos americanos ("en el Nuevo Mundo hay de ellos infinitas manadas") cae en la tercera categoría de bárbaros, descritos como "salvajes semejantes a fieras, que apenas tienen sentimiento humano; sin ley, sin pactos, sin magistrados ni república".[71] El misionero jesuita no escatima negatividad en su juicio. "Sería largo enumerar todas sus abominaciones... en todo iguales a bestias feroces..."[72] Su conversión requiere que previamente sean dominados y subyugados. "De este género de bárbaros trató Aristóteles, cuando dijo que podían ser cazados como bestias y domados por la fuerza". La sensibilidad teológica de Acosta le lleva a cambiar la analogía, de la bestialidad al infantilismo: "A todos éstos que apenas son hombres, o son hombres a medias, conviene enseñarles que aprendan a ser hombres e instruirles como a niños". Pero la pedagogía tradicional nunca ha descartado la disciplina física para lograr sus fines: "Hay que contenerlos con fuerza y poder convenientes, y obligarles a que dejen la selva y se reúnan en poblaciones, y aún contra su voluntad en cierto modo, hacerle fuerza para que entren en el reino de los cielos".[73]

Acosta es un misionero que no está interesado en proezas martirológicas, sino en lograr la máxima efectividad posible en la evangelización de los aborígenes. Y no cree que ello pueda prescindir de cierta compulsión militar. Remite a la experiencia: donde se ha dejado a los nativos a su libre albedrío

---

[71] Ibid, "proemio", 46-48.

[72] Ibid, l. 2, c. 3, 145.

[73] Ibid., 46-48.

"poca firmeza y seguridad ha habido en la fe y religión cristiana... va decayendo y amenazando ruina, mientras que en los indios sujetos, la cristiandad va sin duda creciendo y mejorando..."[74] Por más que insista en su amor a los indoamericanos, no puede evitar un serio menosprecio de su cultura y hábitos, comparándolos continuamente con seres de inferior racionalidad, como lo son, desde su perspectiva filosófica tradicional, el niño, la mujer y la bestia. "Porque siendo los indios de ingenio corto y pueril, como niños o mujeres, o mejor aún como bestias".[75]

La conversión de los nativos americanos exige una peculiar conjunción de "dos cosas entre sí tan dispares como son evangelio y guerra". Si se insiste en la predicación estrictamente apostólica y pacífica se terminará impidiendo su cristianización. La condición de los "bárbaros en este Nuevo Mundo" es tal que, "como fieras", sino se utiliza la "fuerza conveniente o voluntaria violencia, nunca llegarán a vestirse de la libertad y naturaleza de hijos de Dios..." En América es factible "conciliar cosas entre sí tan contrarias como son violencia y libertad..."[76]

Aunque Acosta insiste en que la barbarie de los indoamericanos no significa que sean infrahumanos, sino que el hábito salvaje ha asfixiado su inherente racionalidad ("...los bárbaros no son tales por naturaleza, sino por gusto y hábito; son niños y dementes por afición, no por su ser natural..."),[77] no tiene ilusión alguna en proseguir un método misionero pacífico y libre. Su pragmatismo exige severidad y coerción. "Es indudable, y lo confirma la experiencia, que la índole de los bárbaros es servil, y si no se hace uso del miedo y se les obliga con fuerza... rehúsan obedecer. ¿Qué hacer, pues?... Hay que usar del azote... De esta manera se les fuerza a entrar a la salvación aún contra su voluntad".[78]

El misionero y teólogo jesuita está dispuesto a considerar la posibilidad de que la conversión de comunidades indígenas no conlleve necesariamente la deposición de sus príncipes paganos. Pero es una alternativa abstracta, a la que no concede mucha probabilidad. Pues, "en medio de una nación mala y perversa, ¿qué esperanza puede haber que unos hombres débiles, pobres de inteligencia, de costumbres perdidas y por naturaleza inconstantes perseveren

---

[74] *Historia natural y moral de las Indias*, l. 7, c. 28, 377.

[75] *De procuranda indorum salute*, l. 2, c. 15, 199.

[76] Ibid., l. 2, c. 1, 137.

[77] Ibid., l. 2, c. 5, 161.

[78] Ibid., l. 1, c. 7, 85-89.

en la fe, si no los reciben en sus brazos nuestros reyes...?" Es poco probable que los príncipes paganos e infieles, "estando principalmente el demonio enfurecido", permitan el libre ejercicio de la fe cristiana, la única verdadera y auténtica religiosidad. Por eso puede tenerse "como regla común y canon inviolable" que deben derrocarse las autoridades aborígenes que persistan en su paganismo y convicciones idolátricas.[79]

Acosta, empero, no puede escapar de cierta desilusión, similar a la que se encuentra en otros misioneros como Bernardino de Sahagún y Gerónimo de Mendieta, en la Nueva España, respecto a la evangelización forzada que se ha impuesto a los nativos americanos. "He aquí la Samaria de nuestros tiempos", es su juicio severo acerca de la superficial cristiandad indiana. "Adoran a Cristo y dan culto a sus dioses... Le temen de palabra, mientras insta el juez o el sacerdote; le temen mostrando una apariencia fingida de cristiandad; pero no le temen en su corazón, no le adoran de verdad, ni creen con su entendimiento como es necesario para justicia".[80] Después de estos comentarios críticos, tan llenos de la amargura de un misionero que, en el fondo, hubiese preferido predicarle a comunidades étnico-nacionales menos "bárbaras", queda, empero, la esperanza que después de inculcados, mediante la severa disciplina y rigurosa coerción, los valores y las concepciones cristianas, "serán los hijos mejores que sus padres... más idóneos para la fe..."[81]

La acción misionera, desprovista de agresividad bélica, tuvo también vigorosos promotores. La primera sugerencia al respecto procedió aparentemente de fray Pedro de Córdoba, líder de los dominicos en la Española, al recomendar a Carlos V, a principios del reinado de éste, que el

---

[79] Ibid., l. 3, c. 2, 217-221.

[80] Ibid., l. 1, cs. 14-15, 113-115.

[81] Esta esperanza parece haberla perdido un editor moderno de Acosta, quien se permite un juicio que es ejemplo maravilloso del pedante etnocentrismo que caracteriza cierta literatura española sobre la cristianización de América. Según Francisco Mateos: "Este cristianismo rudimentario de los indios peruanos, aún hoy día [1952] es dado observarlo: su fe es probablemente poco parecida a la de un blanco, y está llena de supersticiones... Esto se debe a la cortedad de su razón, y a su ingenio refractario a toda la cultura de los blancos... El indio siguió y está hoy tan apegado a sus creencias y costumbres semibárbaras... en los alrededores de Quito, La Paz o Sucre, junto a las casas de los europeos [¿europeos?], no se les ocurre usar luz eléctrica... ni aun siquiera comer o vestir o calzar o hacer sus viviendas al modo de los blancos". Ibid., 114, 294.

primer acercamiento a los indígenas debían hacerlo los religiosos, sin la compañía de hombres armados. "Siendo ellas por otra parte, gentes tan mansas, tan obedientes y tan buenas, que si entre ellos entraran predicadores solos, sin las fuerças e violencias destos malaventurados cristianos, pienso que se pudiera en ellos fundar quasi tan excellente yglesia como fue la primitiva". Esta sugerencia parte de la trágica experiencia de los antillanos, "porque estas islas é tierras nuevamente descubiertas y halladas tan llenas de gentes... han sido y son oy destruidas y despobladas por las grandes crueldades que en ellas los cristianos han hecho..." Típico de la mentalidad imbuida de imágenes bíblicas, utiliza la analogía faraónica para expresar la opresión a que han sido sometidos los nativos. "Pharaon y los egiptios aun no cometieron tanta crueldad contra el pueblo de Israel".[82]

Los dominicos de la Española insisten en la acción misionera desprovista de toda coacción violenta y cautiverio forzoso.

> No ovo, ni ai, ni abrá tierra tan mal aventurada, ni tan tiranizada, como que lo descubierto de las Indias... y así corre la destruición y disipación... Que por cobdicia de sacar oro los españoles... han despoblado la isla Española... y la isla de Cuba, y Sant Juan y Jamaica... Se podrán traer las gentes de aquel Nuevo Mundo que Dios dio a V. M., al yugo suave de Cristo y su fe... sin que los tomen sus cosas por fuerza, y les conserven sus señoríos, excepto la suprema jurisdicción que es de V. M., ni los asuelen... y no de presto como agora se hace hasta verlos matar.

En caso de que la corona y sus consejeros no consideren factible la evangelización de los indígenas sin mediar acciones bélicas, los dominicos proponen una sugerencia radical, que no sería atendida: dejarlos quietos en su infidelidad y aislamiento.

> Si... lo tienen por imposible... desde agora suplicamos a V. M., por el bien que queremos a su real conciencia y ánima, que V. M. los mande dejar, que mucho mejor es que ellos solos se vayan al infierno, como antes, que no que los nuestros y ellos, y el nombre de Cristo sea blasfemado entre aquellas gentes por

---

[82] *Colección de documentos inéditos relativos al descubrimiento, conquista y organización de las antiguas posesiones españolas de América y Oceanía, sacados de los Archivos del Reino y muy especialmente del de Indias* (42 vols.) (Joaquín Pacheco, Francisco Cárdenas y Luis Torres de Mendoza, eds.) (Madrid: Imp. de Quirós, 1864-1884), vol. 11, 217-218. La misiva es del 28 de mayo de 1517.

el mal ejemplo de los nuestros y que el ánima de V. M., que vale más que todo el mundo, padezca detrimento.*83*

El principal promotor de la acción misionera, sin duda, fue Bartolomé de las Casas, quien dedicó largas décadas y miles de folios a su defensa. Las Casas escribe su voluminoso tratado, *Del único modo de atraer a todos los pueblos a la verdadera religión* para impugnar los argumentos de la compulsión armada a la cristianización. Por medio de un extenso y exhaustivo tratamiento teórico acerca de la relación intrínseca entre la fe cristiana, la libertad y la predicación en paz, pleno de citas bíblicas, patrísticas, canónicas, filosóficas y teológicas, reitera su tesis de que la conversión es genuina sólo si está desprovista de toda coerción, si se logra mediante "la persuasión del entendimiento por medio de razones y la invitación y suave moción de la voluntad".[84] La violencia corrompe la libertad y, por consiguiente, deforma la fe.

¿Cómo ordena Jesucristo que se predique el evangelio?

Cristo concedió a los apóstoles solamente la licencia y autoridad de predicar el evangelio a los que voluntariamente quisieran oírlo, pero no las de forzar o inferir alguna molestia, o desagrado a los que no quisieren escucharlos. No autorizó a los apóstoles o predicadores de la fe para que obligaran a oír a quienes se negaran a ello, ni los autorizó tampoco para castigar a quienes los desecharan de sus ciudades... Quienes obran de manera contraria se convierten en transgresores del precepto divino.[85]

La evangelización se corrompe y echa a perder si se utiliza como pretexto para el deseo de poder y dominio o la avaricia de riquezas. Es necesario garantizar, de palabra y de hecho, "que los oyentes, y muy especialmente los infieles, comprendan que los predicadores de la fe no tienen ninguna intención de adquirir dominio sobre ellos con su predicación y que, añade, entiendan que no los mueve a predicar la ambición de riquezas".[86] Al final de su larga y fecunda vida, Las Casas escribe una concisa pero ardiente epístola al Papa reclamándole la excomunión de "cualquiera que dijere que es justa la guerra que se hace a los infieles, solamente por causa de idolatría, o para que

---

[83] Ibid, vol. 11, 243-249.

[84] *Del único modo de atraer a todos los pueblos a la verdadera religión*, 7.

[85] Ibid., 177, 183.

[86] Ibid., 249.

el evangelio sea mejor predicado".[87] Una petición amarga y audaz que, naturalmente, no fue concedida.

Sobre la cuestión de la estrategia misionera para cristianizar a los pueblos autóctonos americanos hubo, por ende, como en lo relativo a todos los asuntos indianos, disyuntivas, disensiones y polémicas. Se dio una dramática polifonía de posturas y reclamos. Ciertamente, la iglesia y el estado favorecieron la **conquista evangelizadora**. Pero el espacio profético no se abandonó; la **acción misionera** se planteó con inteligencia y elocuencia, en tributo de reconocimiento y respeto a la plena humanidad de las comunidades nativas.

---

[87] La petición al Papa se reproduce en Agustín Yáñez (ed.), *Fray Bartolomé de Las Casas: Doctrina* (México, D. F.: Universidad Nacional Autónoma, 1941), 161-163 y en Bartolomé de las Casas, *De regia potestate o derecho de autodeterminación* (ed. por Luciano Pereña et al.) (*Corpus Hispanorum de Pace*, Vol. VIII) (Madrid: Consejo Superior de Investigaciones Científicas, 1969), apéndice XV, 284-286.

LA TEOLOGÍA EN LOS ALBORES DEL SIGLO VEINTIUNO

> "A nadie le he podido contar
> la atroz aventura
> de mis noches de solitario,
> cuando el germen de Dios
> comienza a crecer de pronto
> en mi alma vacía."
>
> Juan José Arreola

> "Oigo unas voces confusas
> y enigmáticas
> que tengo que descifrar...
> Dicen que soy un hereje y un blasfemo;
> y otros aseguran que he visto la cara de Dios."
>
> León Felipe

Historicidad, contingencia, pluralidad

En los albores del siglo veintiuno,[1] estamos muy conscientes de la radical historicidad y contingencia de todos los asuntos cruciales para

---

[1] Recoge una amplia variedad de perspectivas sobre el futuro de la teología en el siglo veintiuno el libro editado por Raúl Fornet-Betancourt, *Theologie im III. Millenium – Quo vadis? Antworten der Theologen. Dokumentation einer Weltumfrage* (Frankfurt: Verlag für Interkulturelle Kommunikation, 2000), en el que decenas de teólogos de variadas partes

la existencia humana, incluyendo la religiosidad y la reflexión crítica sobre ella. Ya no es viable postular una facultad de inquisición racional universal, vigente en todo tiempo y lugar. Tampoco es factible proponer una fe cristiana universalmente válida para todo periodo histórico, toda área geográfica y toda cultura humana.

La historicidad de la racionalidad, en sus distintas manifestaciones, y de la religiosidad, en sus plurales expresiones doctrinales, litúrgicas e institucionales, se hace, para el estudioso de principios del tercer milenio, irrefutable. Esto incluye, naturalmente, al quehacer teológico como esfuerzo intelectual de entender la relación de los seres humanos con lo sagrado, la naturaleza y la sociedad, desde una perspectiva religiosa particular. La filosofía moderna, desde Heidegger hasta Richard Rorty, en su giro antimetafísico, ha insistido en la contingencia del pensamiento.[2] Esa provisionalidad del pensar atañe también a la teología. Lo que Christian Duquoc afirma en las primeras líneas de su libro sobre cristología - "Las cristologías son construcciones transitorias que utilizan instrumentos conceptuales contingentes. Su evolución reciente... es buena prueba de la precariedad de sus producciones"[3] - vale para toda la gama del quehacer teológico. Pensar de otro modo, refugiándose en la alegada infalibilidad de las escrituras sagradas o del magisterio eclesiástico, provoca la idolátrica confusión entre la palabra divina y la humana. Todos conocemos demasiado bien los sacrificios humanos que ha exigido esa sacrílega idolatría.

Ello conlleva la necesidad de aceptar que todas las articulaciones intelectuales de la fe son construcciones humanas, con sus procesos contingentes de nacimiento, desarrollo, mudanza y, múltiples veces,

---

del globo y diversas confesiones eclesiales aportan breves ensayos, en distintos idiomas, sobre el tema en cuestión.

[2] La contingencia radical del ser es la paradójica conclusión del abarcador estudio de Arthur Lovejoy sobre la primacía de la idea de la racionalidad absoluta y necesaria en la metafísica y ontología occidentales. Véase, Arthur O. Lovejoy, *The Great Chain of Being: A Study of the History of an Idea* (Cambridge: Harvard University Press, 1936/1964).

[3] Christian Duquoc, *Mesianismo de Jesús y discreción de Dios. Ensayo sobre los límites de la cristología* (Madrid: Ediciones Cristiandad, 1985), 11. Su libro culmina en nota similar: "El lugar de la historia es la precariedad, la contingencia, la apertura, asumidas en el riesgo..." Ibid., 231.

ocaso.⁴ No existe *theologia perennis* alguna. El énfasis no debe ponerse en la dimensión negativa de este viraje, como temen, frecuentemente con excesiva beligerancia, algunas instituciones dogmáticas. Lo novedoso y excitante es la posibilidad de edificar nuevas manifestaciones de la inteligencia de la fe, con sus desafíos de reconstruir el diálogo perenne con las culturas humanas. Hacer lo contrario sería un intento de reeditar las lamentables persecuciones a teólogos creadores e innovadores, como tantas veces aconteció en el siglo veinte, desde Alfred Loisy y Teilhard de Chardin hasta Hans Küng, Leonardo Boff, Jacques Dupuis, Roger Haight, Tissa Balasuriya, Anthony de Mello y, más recientemente, Jon Sobrino, José Antonio Pagola y José María Vigil. Además de represiva, sería una empresa, en esta época liberada del yugo del *imprimatur* jerárquico, abocada al fracaso.

Por lo cual hay que admitir también la *irreducible pluralidad* de las religiosidades y teologías.⁵ La curia romana, ansiosa por preservar la ortodoxia, podrá decretar los límites de su tolerancia, con edictos autoritarios como *Dominus Iesus*⁶ o la *Notificación sobre las obras de Jon*

---

⁴ Véase al respecto, Dale Irvin, *Christian Histories, Christian Traditioning: Rendering Accounts* (Maryknoll, NY: Orbis Books, 1998).

⁵ José María Vigil, *Teología del pluralismo religioso* (Quito: Editorial Abya Yala, 2005). Este libro, por su tónica positiva y tolerante hacia la pluralidad religiosa, fue censurado fuertemente, en enero de 2008, por la Comisión de la Conferencia Episcopal Española para la Doctrina de la Fe. Puede leerse la censura en http://www.zenit.org/article-25991?l=spanish. La Asociación Ecuménica de Teólogos/as del Tercer Mundo ha propiciado el estudio del pluralismo religioso y el diálogo intercultural entre las distintas expresiones de la religiosidad mediante cinco volúmenes publicados por la editorial Abya Yala (Quito, Ecuador) bajo el título general de *Por los muchos caminos de Dios*, a saber: *Desafíos del pluralismo religioso a la teología de la liberación* (2003), *Hacia una teología cristiana y latinoamericana del pluralismo religioso* (2004), *Teología latinoamericana pluralista de liberación* (2006), *Teología liberadora intercontinental del pluralismo religioso* (2006), *Hacia una teología planetaria* (2010). Véase también Juan José Tamayo, *El diálogo interreligioso ante los desafíos del siglo XXI* (Valencia, España: ADG-N Libros, 2010).

⁶ Congregación para la doctrina de la fe, *Dominus Iesus. Sobre la unicidad y la universalidad salvífica de Jesucristo y de la iglesia* (Ciudad del Vaticano, 2000). Véase la aguda crítica de Leonardo Boff, "¿Quién subvierte al Concilio? Respuesta al Cardenal J. Ratzinger a propósito de la *Dominus*

Sobrino,[7] y el fundamentalismo evangélico podrá recalcar la inmutabilidad perpetua de sus famosos principios doctrinales,[8] pero de la fragmentación del discurso intelectual teológico puede afirmarse la legendaria sabia frase galilea: *eppur si muove*. No se trata sólo de la tolerancia ante el fenómeno posmoderno de la pluralidad en la racionalidad y la religiosidad humanas; lo que se requiere, para una genuina empresa creadora, es el reconocimiento de y regocijo ante la dignidad de la riqueza cultural que tal polifonía conlleva.[9] Si el dogmatismo romano fácilmente desemboca en la rígida sacralización del magisterio, el fundamentalismo evangélico, por su parte, arriba casi inexorablemente en la idolatría de la letra sagrada, pilar hermenéutico, por un lado, del oscurantismo intelectual y, por el otro, de variadas represiones humanas. La idolatría integrista de la letra sagrada tiende a desembocar en una práctica religiosa sacrificial, donde no se inmolan corderos, sino vidas humanas.

No es asunto, la pluralidad religiosa y teológica, únicamente de amplitud de temas y tópicos, sino también y sobre todo, de la variedad de perspectivas y ópticas de enunciación y análisis. Es algo que hemos aprendido en el surgimiento vigoroso de teologías de múltiple cuño y talante: latinoamericanas, feministas, mujeristas, afroamericanas,

---

Iesus", *Revista Latinoamericana de Teología,* año xviii, núm. 52, enero - abril 2001, 33-48. Una visión apologética de la declaración la desarrolla Walter Kasper, "Present Day Problems in Ecumenical Theology," *Reflections* (Center of Theological Inquiry, Princeton, New Jersey), Spring 2003, Vol. 6, 61-65.

[7] Congregación para la doctrina de la fe, *Notificación sobre las obras de Jon Sobrino*, S.I.: "Jesucristo liberador. lectura histórico-teológica de Jesús de Nazaret" (Madrid, 1991) y "La fe en Jesucristo. ensayo desde las víctimas" (San Salvador, 1999) (Ciudad del Vaticano, 26 de noviembre de 2006). Para una respuesta crítica a la Notificación, véase, *Bajar de la Cruz a los Pobres: Cristología de la Liberación,* editado por José María Vigil (Comisión Teológica Internacional de la Asociación Ecuménica de Teólogos/as del Tercer Mundo. México, D. F.: Ediciones Dabar, 2007). Es sugestivo, además, el artículo de Jonathan Pimentel Chacón, "Jon Sobrino, construcción de la esperanza y una teología desde el Sur", Pasos, segunda época, mayo-junio 2007, No. 131, 25-32.

[8] Juan José Tamayo, *Fundamentalismos y diálogo entre las religiones* (Madrid: Editorial Trotta, 2009).

[9] Jonathan Sacks, *The Dignity of Difference: How to Avoid the Clash of Civilizations* (London: Continuum, 2003).

indígenas, tercermundistas y gays. Son muy diversos los colores, olores y sabores del quehacer teológico. Es un genuino carnaval de la inteligencia de la fe. Igualmente renacen los integrismos y fundamentalismos dogmáticos en incontables disfraces. Por doquier se reconstituyen con vigor las ortodoxias intolerantes y excluyentes, promulgadoras de una deidad implacable en sus anatemas.[10]

Contextualidad y ecumenicidad

Lo anterior no significa que el caos reine inexorablemente en la teología. Lo que conlleva es un marcado énfasis dual y paradójico en su *contextualidad y ecumenicidad*. Por un lado, toda reflexión humana, incluyendo la teológica, se nutre de unas raíces culturales particulares, de acentos y matices marcados por los dolores y las esperanzas de pueblos que labran su peculiar sendero en la historia. Toda teología nace y se desarrolla en un contexto histórico, social y cultural definido. La historicidad del quehacer teológico se remite, en última instancia, a la primacía de la historia como escenario de las acciones redentoras de Dios. Dios salva a un pueblo definido – el hebreo – de una opresión concreta, su esclavización por el imperio egipcio. Nada más histórico que la encarnación, la presencia plena de la divinidad en un hombre particular – Jesús de Nazaret – quien procede y participa de una cultura y unas tradiciones específicas y concretas, aún en los momentos cumbre y de extremo dramatismo en los que las cuestiona y subvierte.[11] La fe cristiana es, de acuerdo con algunos estudiosos de la religiosidad,[12] inseparable de la primacía ontológica de la historia como ineludible destino humano.

---

[10] Mark Juergensmeyer, *Terror in the Mind of God: The Global Rise of Religious Violence* (Berkeley and Los Angeles: University of California Press, 2000); Oliver McTernan, *Violence in God's Name: Religion in an Age of Conflict* (Maryknoll, NY: Orbis Books, 2003); Luis N. Rivera Pagán, "Entre el terror y la esperanza: Apuntes sobre la religión, la guerra y la paz," *Conferencia Magistral 2003-2004* (Río Piedras: Cátedra UNESCO de Educación por la Paz, Universidad de Puerto Rico, 2004), 29-56.

[11] Véase el importante ensayo de Ignacio Ellacuría, "Historicidad de la salvación cristiana", en *Mysterium Liberationis: conceptos fundamentales de la teología de la liberación, Vol. I* (Madrid: Editorial Trotta, 1990), 323-372.

[12] Mircea Eliade, *The Myth of the Eternal Return* (New York: Pantheon Books, 1954).

Por otro lado, esta característica no debe legitimar el insularismo teológico, que invariablemente conduce a la trivialidad. Por el contrario, conlleva una incitación al diálogo ecuménico, enriquecedor para quienes participan en él con honestidad y profundidad. Cada sendero teológico es quizá un aporte legítimo y valioso a la vivencia y el pensamiento de la fe. También es posible portador de carencias, prejuicios y miopías, que pueden mitigarse mediante el cotejo comparativo con otros senderos. La creatividad crítica requiere el diálogo ecuménico, el oír con atención las múltiples voces teológicas, la impresionante polifonía de la ecumene cristiana.[13] Como bien ha escrito David J. Bosch: "Cada *theologia localis* debe desafiar y fecundar la *theologia oecumenica* y esta última, a su vez, debe enriquecer y ampliar la perspectiva de la anterior."[14]

No me parece carente de significado observar que el auge gozado por la hermenéutica desde Dilthey hasta Gadamer ha tenido como pilares paralelos, por un lado, la plena conciencia de la irreductibilidad de las diferencias históricas y, por el otro, la posibilidad del diálogo transhistórico, gracias a lo que Gadamer felizmente llamara "fusión de horizontes".[15] Son dos polos dialécticos indispensables para el pensamiento teológico actual en un contexto mundial en el que paradójicamente, por un lado, se acentúan las variadas identidades y, por el otro, se mezclan en un continuo mestizaje cultural e intelectual.

Descolonización intelectual y espiritual

La teología, al igual que tantas otras esferas del pensamiento, pasa hoy por un proceso drástico de descolonización intelectual y espiritual.[16] Ya no es cuestión de traducir, adoptar y adaptar la última

---

[13] Sobre lo expresado en este párrafo, son útiles las obras de dos teólogos católicos: Robert J. Schreiter, *Constructing Local Theologies* (Maryknoll, NY: Orbis Books, 1985) y David Tracy, *Plurality and Ambiguity: Hermeneutics, Religion, Hope* (Chicago: University of Chicago Press, 1987).

[14] David J. Bosch, *Transforming Mission: Paradigm Shifts in Theology of Mission* (Maryknoll, NY: Orbis Books, 2002), 428.

[15] Hans Georg Gadamer, *Truth and Method* (London: Sheed and Ward, 1979).

[16] La descolonización y mundialización del pensamiento crítico es eje central de la importante obra de Walter D. Mignolo, *Local Histories/Global*

moda teológica europea o norteamericana. Las décadas postreras del siglo veinte anunciaron los albores de la genuina mundialización de la teología. Lo que respecto al arte mexicano de principios del siglo veinte escribiese el gran pintor y muralista José Clemente Orozco - "empezamos a sospechar... que teníamos una personalidad propia que valía tanto como cualquiera otra. Debíamos tomar lecciones de los maestros antiguos y extranjeros, pero podíamos hacer tanto o más que ellos. No soberbia, sino confianza en nosotros mismos, conciencia de nuestro propio ser y de nuestro destino"[17] – vale igualmente para la teología latinoamericana y, en general, de todo el mundo no occidental.

La mundialización de la teología es un fenómeno que acompaña el cambio drástico que durante el siglo pasado ha acontecido en la densidad demográfica de los cristianismos. A diferencia de lo que acontecía hasta las postrimerías del siglo diecinueve, la gran mayoría de los cristianos ya no habitan en Occidente (Europa, Estados Unidos y Oceanía), sino en el llamado "tercer mundo" (Asia, África y América Latina).[18] El misiólogo escocés Andrew Walls lo ha afirmado con envidiable precisión: "Ha acontecido, durante el siglo pasado, una traslación masiva del centro de gravedad del mundo cristiano hacia los países del Sur... Esto significa que la teología del tercer mundo ya es probablemente la teología más representativa del cristianismo... El prontuario futuro de la historia eclesiástica posiblemente incluya prioritariamente la teología de América Latina, África y quizá Asia."[19] El policentrismo eclesiástico, que décadas atrás preconizó Karl

---

Designs: Coloniality, Subaltern Knowledges, and Border Thinking (Princeton: Princeton University Press, 2000).

[17] José Clemente Orozco, *Autobiografía* (México, DF: Ediciones Era, 2009, orig. 1945), 22.

[18] Justo L. González, *The Changing Shape of Church History* (St. Louis, MO: Chalice Press, 2002).

[19] Andrew Walls, *The Missionary Movement in Christian History: Studies in the Transmission of Faith* (Maryknoll, NY: Orbis Books, 2000), 9-10. Como ejemplo del proyecto de reconfigurar la teología desde una perspectiva no eurocéntrica puede consultarse la obra de Tomothy C. Tennent, *Theology in the context of World Christianity* (Grand Rapids: Zondervan, 2007).

Rahner, se encarna cada vez más en múltiples maneras de ser iglesia y de pensar la fe cristiana.[20]

Esto es parte clave de un proceso emergente en la ecumene: el reconocimiento y la valoración de aquellas teologías que llevan en su fisonomía textual las señales de la historia cultural de un pueblo. Al fin y al cabo, ¿qué son las escrituras sagradas, sino la narración de las aventuras de la fe de unos pueblos al margen de la historia política y económica de los grandes imperios? Es un conjunto de relatos de y sobre unos marginados, desplazados, cautivos, exiliados, perseguidos, incluso crucificados, bárbaros de acuerdo con el aristocrático esquema social ateniense y romano, que, a partir de su fe y la gracia divina, se atreven audazmente a modificar la historia humana. Por ello el autor de la primera epístola de Pedro se refiere a sus destinatarios como "expatriados de la dispersión", "extranjeros y peregrinos" (I Pedro 1:1, 2:11), muy consciente de su condición de inmigrantes marginales en las ciudades del imperio romano, mal vistos tanto por los representantes del imperio como por los jerarcas del judaísmo rabínico.

En tiempos en que intentan imponerse nuevas formas de dominio imperial, los entrecruces entre las teologías de liberación y los estudios críticos poscoloniales cobran vigencia y urgencia.[21] El diálogo entre las

---

[20] Luis N. Rivera-Pagán, "Porto Alegre 2006: A Polycentric World Christianity", *God, in your Grace... Official Report of the Ninth Assembly of the World Council of Churches* (edited by Luis N. Rivera-Pagán) (Geneva, Switzerland: WCC Publications, 2007), 5-50.

[21] Catherine Keller, Michael Nausner, and Mayra Rivera, *Postcolonial Theologies: Divinity and Empire* (St. Louis, MO: Chalice Press, 2004); Catherine Keller, *God and Power: Counter-Apocalyptic Journeys* (Minneapolis, MN: Fortress Press, 2005); Mark Lewis Taylor, *Religion, Politics, and the Christian Right: Post-9/11 Powers and American Empire* (Minneapolis, MN: Fortress Press, 2005); Kwok Pui-lan, *Postcolonial Imagination and Feminist Theology* (Louisville, KY: Westminster John Knox Press, 2005); Wonhee Anne Joh, *Heart of the Cross: a Postcolonial Christology* (Louisville, KY: Westminster John Knox Press, 2006); Mayra Rivera, *The Touch of Transcendence: A Postcolonial Theology of God* (Louisville, KY: Westminster John Knox Press, 2007); Joerg Rieger, *Christ & Empire: From Paul to Postcolonial Times* (Minneapolis, MN: Fortress Press, 2007); Kwok Pui-lan, Don H Compier, and Joerg Rieger (eds.), *Empire: The Christian Tradition. New Readings of Classical Theologians* (Minneapolis, MN: Fortress Press, 2007); Richard A. Horsley (ed.), *In the Shadow of Empire: Reclaiming the Bible as a History of Faithful Resistance* (Louisville, KY: Westminster John

teologías de liberación y los estudios poscoloniales es una de las fronteras de mayor desafío y fecundidad en el contexto latinoamericano. Para ello, sin embargo, debe superarse la limitación de muchos de los teóricos poscoloniales a las formaciones imperiales posteriores a la Ilustración y la revolución francesa. Al fin y al cabo, el imperialismo moderno nació en aguas caribeñas y tierras latinoamericanas, a fines del siglo decimoquinto y durante todo el decimosexto.[22]

Ortodoxia y herejía

Todo lo hasta aquí afirmado implica un desplazamiento del tortuoso juicio tradicional acerca de la ortodoxia y la herejía. Buena parte de la historia de la doctrina cristiana es un lúgubre recuento de censuras, condenas y anatemas, acompañado con excesiva frecuencia, de sentencias trágicas para los declarados culpables de heterodoxia. ¿No fue acaso el mismo san Agustín, que nos conmueve y enternece en sus *Confesiones*, quien, como obispo de Hipona, reclama y justifica la represión imperial de donatistas y pelagianos?[23] ¡No son pocos los estudiantes novicios de teología que se asombran de espanto al descubrir que la gran disputa trinitaria del siglo cuarto versó en buena medida sobre la diferencia entre *homoousios* y *homoiousios*! Ciertamente, los tratadistas clásicos de la materia justifican el debate acerca de la famosa iota como expresión de una distinción fundamental entre

---

Knox Press, 2008); Néstor Míguez, Joerg Rieger & Jung Mo Sung, *Beyond the Spirit of Empire* (London: SCM Press, 2009).

[22] Enrique Dussel, 1492: *El encubrimiento del otro (Hacia el origen del "mito de la modernidad")* (Bogotá: Ediciones Antropos, 1992); Walter D. Mignolo, *The Darker Side of the Renaissance: Literacy, Territoriality, & Colonization* (Ann Arbor, MI: The University of Michigan Press, 1995), Luis N. Rivera-Pagán, "Doing Pastoral Theology in a Post-Colonial Context: Some Observations from the Caribbean," *Journal of Pastoral Theology*, Vol. 17, No. 2, Fall 2007, 1-28.

[23] La carta 93 de Agustín a Vicente Rogatista (408 d. C.) es una extensa justificación de la represión estatal contra las "herejías". Fue de inmensa y, a mi parecer, nefasta influencia en la historia de la cristiandad. Puede leerse en *Obras de San Agustín* (Madrid: Biblioteca de Autores Cristianos, 1958), vol. viii, 592-655.

quienes están dentro y quienes quedan fuera de la verdad dogmática.[24] De esa manera, la evolución de la doctrina eclesiástica pierde historicidad humana y se transmuta en la revelación infalible del Espíritu Santo.[25] A quien todavía esté en esa mentalidad, le recomiendo la lectura del relato de Jorge Luis Borges, "Los teólogos", una excelente muestra de la brillante ironía del gran escritor argentino, tan exquisita como la deliciosa sátira sobre las controversias dogmáticas que con tanto humor gris redactó Erasmo en su *Elogio a la locura*.[26]

Es irónico, pero muy ilustrador, que Tertuliano, autor de uno de los más feroces ataques contra las herejías (*Liber de praescriptione haereticorum* c. 200 d.C.), terminase censurado él mismo como hereje, por adherirse al montanismo. Sin llegar a la peregrina conclusión de que el problema de la verdad sea mera ficción, no cabe duda de que toda consideración rigurosa de la historia de la teología tiene que prescindir de las justificaciones clásicas de los anatemas y las

---

[24] Algo similar acontece con la inserción del controvertido *filioque* en el credo niceno-constantinopolitano, causa de la milenaria disputa entre las iglesias occidentales y las orientales/ortodoxas. La diatriba ha sido doble, sobre: a) la legitimidad de la inserción y b) la validez de la doctrina teológica de la doble procesión (del Padre y del Hijo) del Espíritu Santo.

[25] Para una perspectiva radicalmente distinta a la tradicional sobre el problema de la ortodoxia y la herejía, es útil el denso volumen de Gerd Lüdemann, *Heretics: The Other Side of Early Christianity* (Louisville, KY: Westminster John Knox Press, 1996). El desmantelamiento actual de la bipolaridad "ortodoxia - herejía" procede, en buena medida, del texto insigne de Walter Bauer, *Rechtgläubigkeit und Ketzerei im Ältesten Christentum* (Tübingen: Mohr, 1934). Valiosa es también la óptica que estudiosas aportan al examen crítico, en sus orígenes patrísticos y patriarcales, de la distinción tradicional entre "ortodoxia" y "herejía". Véase, por ejemplo, Elaine Pagels, *Beyond Belief: The Secret Gospel of Thomas* (New York: Random House, 2003) y Karen L. King, *What is Gnosticism?* (Cambridge, MA: Harvard University Press, 2003). En general, la participación crítica de eruditas feministas aporta nuevos giros al estudio histórico de temas teológicos, como lo demuestra, por ejemplo, Jennifer A. Glancy, en su sugestivo texto *Slavery in Early Christianity* (Oxford & New York: Oxford University Press, 2002).

[26] Jorge Luis Borges, "Los teólogos", *El Aleph* (Madrid: Alianza Editorial, 1999), 41-54; Desiderio Erasmo, (capítulo 53, "Los teólogos") *Elogio a la locura* (Madrid: Aguilar, 1955), 287-308.

represiones eclesiásticas doctrinales.²⁷ Me parece acertada la sentencia del gran pensador judío de fines del siglo diecisiete Baruch Spinoza: "Los verdaderos enemigos de Cristo son aquellos que persiguen a los rectos y amantes de la justicia sólo porque discrepan de ellos y no comparten los mismos dogmas religiosos".²⁸

A causa de sus divergencias doctrinales, Jan Hus en 1415, Girolamo Savonarola en 1498, Miguel Serveto en 1553, y Giordano Bruno en 1600, sufrieron la cruel muerte de la hoguera azuzada por las inquisiciones dogmáticas. Son víctimas emblemáticas de muchas otras vidas inmoladas en el sagrario de la ortodoxia intransigente.²⁹ En momentos en que como hoy renace por tantos lares la intolerancia religiosa, es importante atender la sagaz observación de Richard Fletcher sobre el parentesco espiritual, en la madura edad media, entre las cruzadas, el jihad islámico y la inquisición.³⁰ Aspiran con devota violencia al mítico ideal de pureza doctrinal. El resultado es trágico: un atroz holocausto de vidas humanas sacrificadas en el altar de una deidad implacable, celosa y patriarcal.

Las autoridades religiosas dogmáticas han considerado al hereje, no lo olvidemos, no sólo como alguien que se extravía doctrinalmente, sino sobre todo como una fuente peligrosa de contaminación social. Por eso es susceptible de eliminarse por medio de la hoguera purificante y en forma pública para que la lección intimidante se grabe

---

[27] Ante los obstáculos que representan las discrepancias doctrinales para la unidad de las iglesias cristianas y la colaboración ecuménica, en ocasiones se ha invocado el famoso *Friedensspruch*, atribuido a Peter Meiderlin (1582 – 1651): "En lo esencial, unidad; en lo no-esencial, libertad; en ambas cosas, caridad" (*in necessariis unitas, in non necessariis libertas, in utrisque caritas*). El problema estriba, sin embargo, en determinar qué es esencial en la fe cristiana y qué no lo es, algo difícil en un contexto filosófico posmoderno radicalmente hostil al esencialismo.

[28] Baruch Spinoza, *Theological-Political Treatise* (1670) (Indianápolis: Hackett Publishing Co., 1998), 160-161.

[29] Es conveniente rescatar las críticas que en el siglo dieciséis hiciera Sebastian Castellio contra la represión dogmática. Como punto de partida, es útil el estudio que le dedicó Stefan Zweig, *Castello contra Calvino: consciencia contra violencia* (Barcelona: Acantilado, 2001).

[30] Richard Fletcher, *The Cross and the Crescent: Christianity and Islam from Muhammad to the Reformation* (New York: Viking, 2003), 85-86.

de forma indeleble en la conciencia de los espectadores. ¿Cómo no sobrecogerse ante el aterrador auto de fe efectuado en 1559, en Valladolid, en presencia del rey Felipe II y con un sermón amonestador del eminente teólogo Melchor Cano, que con tan adolorida sensibilidad recrea Miguel Delibes en su novela *El hereje*?[31]

Plenitud existencial

Hoy la teología supera la excesiva concentración epistemológica, dependiente de las tradiciones filosóficas occidentales, típica de los debates clásicos. La empresa teológica se refiere más bien a algo de mayor arraigo: la *plenitud existencial del ser humano*. Versa, en diálogo continuo con las diversas ciencias humanas, históricas y sociales, sobre conjuntos complejos e históricos de convicciones, símbolos, tradiciones, valores, rituales y lenguajes litúrgicos cruciales para configurar la identidad de toda persona y su comunidad. Ya no se trata sólo, ni principalmente, de verdades doctrinales entendidas como proposiciones susceptibles de afirmarse o negarse. No es cuestión de *qué* es una persona, sino *quién* es ella, de su identidad como proyecto histórico no individualista.[32] Lo que en última instancia está en juego en la reflexión teológica es el destino e identidad de la existencia humana en el horizonte de lo sagrado y la solidaridad con toda la creación y la sociedad. Este giro es indispensable si la teología aspira a desprenderse de su mala fama de abstracciones especulativas.

La estructura tradicional de la teología partía de una concepción metafísica de la aseidad divina. Dios es el único ser cuya esencia requiere necesariamente su existencia, la cual, a su vez, es el principio indispensable de la existencia de todos los otros seres o entes. Era el punto de partida del pensar teológico sea a la manera ontológica de Anselmo de Canterbury en su *Proslogion* (1077-1078) o a la cosmológica de Tomás de Aquino en su *Suma teológica* (1265–1274). Se consideraba imprescindible iniciar la reflexión teológica desde una perspectiva indubitable de la aseidad divina.

Hoy, sin embargo, la reflexión teológica sobre el ser de Dios es, en la célebre frase de Gustavo Gutiérrez, "acto segundo". Ella procede

---

[31] Miguel Delibes, *El hereje* (Barcelona: Ediciones Destino, 1998), 467-495.

[32] Cf. Orlando Espín, *Grace and Humanness: Theological Reflections Because of Culture* (Maryknoll, NY: Orbis Books, 2007), 51-55.

más bien de las paradojas y aporías, conflictos y contradicciones de la existencia humana. Es de la inmersión tanto existencial como teórica, las dos dimensiones indisolubles de la praxis histórica, en el sufrimiento atroz del inocente, de donde surge la pregunta sobre Dios como horizonte escatológico y fuente trascendente de resistencia y esperanza.[33]

Urge, por tanto, una productividad teológica con decidida óptica integradora, transgresora de las fronteras disciplinarias académicas, donde la pregunta por lo sagrado no se sustraiga de las interrogantes seculares y donde, por otro lado, la teología reclame atención, en la discusión pública sobre el destino de la sociedad humana,[34] a sus cuestionamientos y observaciones críticas.[35] No debemos olvidar lo que, poco antes de su muerte, en su fatal pero fértil encarcelamiento, descubrió Dietrich Bonhöffer: que la espiritualidad no puede reducirse a religiosidad ni debe conllevar la negación arrogante de la autonomía humana. Curiosamente, ese renacer de una perspectiva humanizante sobre el ser y el hacer de Dios, articulada sobre la doctrina cristológica de la encarnación, fue el inconcluso horizonte hermenéutico tardío para Karl Barth, el más teocéntrico de todos los teólogos reformados

---

[33] Gustavo Gutiérrez, *Hablar de Dios desde el sufrimiento del inocente : una reflexión sobre el libro de Job* (Lima, Perú: Instituto Bartolomé de Las Casas : Centro de Estudios y Publicaciones, 1986).

[34] Algunos sociólogos han percibido una sorpresiva revitalización y reinserción de las comunidades religiosas y el discurso teológico en los debates públicos, lo que cuestiona algunas teorías en boga sobre la secularización de la vida social y la privatización de la religión. Véase, sobre todo, el sugestivo libro de José Casanova, *Public Religions in the Modern World* (Chicago: University of Chicago Press, 1994).

[35] Un buen ejemplo en el diálogo entre la teología y la vida pública, en el complejo contexto norteamericano, es el libro escrito conjuntamente por Herman E. Daly y John B. Cobb, Jr. *For the Common Good: Redirecting the Economy toward Community, the Environment, and a Sustainable Future* (Boston: Beacon, 2a ed. ampliada, 1994). Una posible crítica a esta obra de Daly y Cobb, Jr. es la limitación de las fronteras nacionales de su análisis, el cual podría moverse en la dirección nostálgica de "Fortress America", paradigma de virtud y justicia. Creo, empero, que los autores están receptivos a repensar sus tesis en un contexto mundial, tarea urgente ahora que los Estados Unidos parecen dispuestos a asumir el papel de imperial gendarme global.

del siglo veinte, en su breve pero muy lúcido texto sobre la "humanidad de Dios".[36]

¿Es capaz la teología de asumir este reto? Es irónico, amén de significativo, notar que, contrario al escepticismo que sobre este desafío prevalece en diversos centros de educación teológica, el distinguido profesor de estudios culturales y crítico literario Terry Eagleton se arriesga a sentenciar que "en un mundo académico donde se incrementa la especialización, la teología es uno de los campos teóricamente más ambiciosos, cuyo tema central es nada menos que la naturaleza y el destino de la humanidad misma."[37]

Rigurosidad intelectual

La teología es una empresa intelectual rigurosa y transdisciplinaria. No ha sido nunca, no es, ni puede ser una ínsula aislada. Se ha nutrido siempre de dos fuentes cuya conjunción nunca ha carecido de riesgos: la piedad religiosa y los sistemas conceptuales contemporáneos. Por algo, los monasterios, con su honda devoción, y las universidades, con su rigurosidad intelectual, fueron, en la edad media, las instituciones que albergaron la creatividad teológica. Karl Barth, crítico de la aridez religiosa de la teología liberal, insiste, sin embargo, al prologar su *Dogmática eclesiástica*, en el carácter académico del pensamiento teológico, su calidad de ciencia, y su lugar en el ámbito intelectual de la universidad moderna. Lo que pretendía Barth era, por un lado, desafiar el monopolio de la Academia arrogado por las disciplinas seculares, y, por el otro, evitar el declinar de la teología en mediocre superficialidad.[38]

No es viable, por consiguiente, aislar la producción teológica de las principales corrientes intelectuales que fecundan el pensamiento de una época. El diálogo crítico y transdisciplinario con los distintos saberes es requisito indispensable para quienes aspiran a que su palabra tenga genuina resonancia más allá de los cotos cerrados y estrechos a

---

[36] *The Humanity of God* (Richmond: John Knox Press, 1960), ensayo publicado originalmente en 1956 con el título *Die Menschlichkeit Gottes*.

[37] Terry Eagleton, *Reason, Faith, and Revolution: Reflections on the God Debate* (New Haven and London: Yale University Press, 2009), 167.

[38] Karl Barth, *Church Dogmatics*, Vol. I/1 (Edinburgh: T. & T., Clark, 1936), 1-11.

los que con frecuencia se resignan los centros de educación teológica. Hoy se muestra imprescindible, ante el retoño de los pietismos devotos y el predominio de lo que Bonhöffer llamara *homo religiosus*, acentuar la importancia de la rigurosidad intelectual en la teología. A quienes confunden el pensamiento con la oración, la reflexión madura y serena con los exabruptos piadosos debemos recordarle la sensata advertencia de John Locke: "quisiera saber cómo hemos de distinguir entre los engaños de Satanás y las inspiraciones del Espíritu Santo"[39] y, de nuestra parte, evadir, a toda costa, "las turbias seducciones del ascetismo, la milagrería y la falsa mística."[40] Al fin y al cabo, como ha escrito Leonardo Boff, "Dios no es el descanso de la razón, sino su eterno desafío."[41]

Teologías de liberación

Las articulaciones conceptuales de la teología de liberación se modifican y alteran. Pero, no hay vuelta atrás en la correlación lograda entre la devoción, la opción preferencial por los oprimidos y marginados, el reino de Dios, y la liberación humana. Incluso un texto muy erudito, *The Oxford Illustrated History of the Bible*, culmina con una extensa sección dedicada a las corrientes hermenéuticas liberacionistas.[42] Es muy revelador que, en un libro clave para entender la trayectoria de su producción teológica, Jürgen Moltmann haya dedicado una amplia sección a discutir la pertinencia de las diversas teologías de liberación.[43]

---

[39] John Locke, *Ensayo sobre el entendimiento humano* (orig. 1690) (México, D. F.: Fondo de Cultura Económica, 1956), 710.

[40] Octavio Paz, *Sor Juana Inés de la Cruz o las trampas de la fe* (México, D. F.: Fondo de Cultura Económica, 2003), 173.

[41] Leonardo Boff, *La fe en la periferia del mundo: El caminar de la Iglesia con los oprimidos* (Santander: Editorial Sal Terrae, 1981), 108.

[42] John Rogerson, ed., *The Oxford Illustrated History of the Bible* (Oxford: Oxford University Press, 2001), 293-355.

[43] Jürgen Moltmann, "Mirror Images of Liberating Theology," in *Experiences in Theology: Ways and Form of Christian Theology* (Minneapolis, MN: Fortress Press, 2000), 181-299.

Me parecen erradas las predicciones prematuras y generalmente interesadas de la muerte de la teología de liberación.[44] Más bien, lo que acontece es una diversificación de temas y perspectivas que no abdican la hermenéutica teológica y bíblica liberacionistas. Un ejemplo destacado: A finales del siglo veinte, en la empobrecida Nicaragua, Jorge Pixley publicó *La resurrección de Jesús, el Cristo*,[45] una obra modelo por su pretensión metodológica de vincular los nuevos estudios críticos sobre Jesús (John Dominic Crossan, "Jesus Seminar"), la renovación del análisis de los evangelios extracanónicos y las reflexiones hermenéuticas procedentes de la teología latinoamericana de liberación para elaborar una visión integral sobre el tema neotestamentario de la resurrección como matriz de metáforas cruciales para la acción emancipadora.[46]

Ciertamente, la intuición clave de "opción preferencial por los pobres" se ha fragmentado, al calor de la nueva valoración de las identidades y subjetividades particulares, pero el resultado ha sido el fortalecimiento crítico de la perspectiva liberacionista, no su

---

[44] Véase el excelente análisis de los orígenes de la teología latinoamericana de liberación de Samuel Silva Gotay, *El pensamiento cristiano revolucionario en América Latina: Implicaciones de la teología de la liberación para la sociología de la religión* (Salamanca: Ediciones Sígueme, 1981). En sus diversas versiones, este texto sirve de referencia internacional sobre el tema. Un útil recuento analítico del desarrollo plural de las teologías de liberación lo provee *The Cambridge Companion to Liberation Theology*, edited by Christopher Rowland (Cambridge, UK: Cambridge University Press, 1999).

[45] Jorge V. Pixley, *La resurrección de Jesús, el Cristo: una interpretación desde la lucha por la vida* (Managua: CIEETS, 1997). Desde hace décadas, Pixley intenta conjugar los estudios históricos críticos de la Biblia, la teología latinoamericana de la liberación y la filosofía anglonorteamericana del proceso, inspirada por los escritos de Alfred North Whitehead y Charles Hartshorne. Véase su reciente libro *Biblia, teología de la liberación y filosofía procesual: el Dios liberador en la Biblia* (Quito, Ecuador: Editorial Abya Yala, 2009).

[46] El enfoque liberacionista en la hermenéutica se mantiene como eje central en controversias exegéticas especializadas, incluyendo a eruditos judíos. Véase, por ejemplo, el debate entre Jorge Pixley, Jon D. Levenson y John J. Collins, en Alice Ogden Bellis & Joel S. Kaminsky, eds., *Jews, Christians, and the Theology of the Hebrew Scriptures* (Atlanta: Society of Biblical Literature, 2000), 215-275.

eliminación. Por algo se escriben todavía textos valiosos y sugerentes sobre el "futuro de la teología de la liberación".[47] Además, las fuentes matrices originales de la teología de liberación transcurren actualmente por un proceso de reforzamiento:[48]

1) La persistencia tenaz de la pobreza y las asimetrías socioeconómicas, incrementadas por la globalización neoliberal y la hegemonía planetaria del sistema capitalista de mercado que pretende transmutar, a manera de un avaro rey Midas, todo lo que toca en lucro. Sus más devotos feligreses han augurado el fin de la historia,[49] frase enigmática cuya oculta semántica preconiza la permanencia de un sistema económico que valora el cálculo de ganancias sobre la promoción humana equitativa.[50] Vivimos en un contexto global donde las desigualdades sociales se incrementan gracias al poder con pretensiones omnímodas del capitalismo financiero, hegemónico en nuestra era posmoderna.

2) La rebeldía de los excluidos y empobrecidos, que exigen un orden social alterno y distinto, y forjan nuevas instancias de resistencia. Ciertamente, son distintos los postulados de reivindicación de los diversos movimientos sociales. Hay quienes repudian la miseria a la que intenta destinárseles, otros reclaman el reconocimiento de la plena dignidad de su raza, sexo, identidad cultural u orientación sexual. Bien ha aseverado Boaventura de Sousa Santos: "Son múltiples las caras de la dominación y de la opresión... Siendo múltiples las caras de la dominación, son múltiples las resistencias y los agentes que las protagonizan... no podemos contentarnos con un pensamiento de alternativas. Necesitamos un pensamiento alternativo de

---

[47] Ivan Petrella, *The Future of Liberation Theology: An Argument and Manifesto* (Burlington, VT: Ashgate, 2004). Útil en este contexto es el abarcador libro de Juan José Tamayo, *La teología de la liberación en el nuevo escenario político y religioso* (Valencia: Tirant lo Blanch, 2009).

[48] Luis N. Rivera–Pagán, "God the Liberator: Theology, History, and Politics," *In Our Own Voices: Latino/a Renditions of Theology*, edited by Benjamin Valentin. Maryknoll, NY: Orbis Books, 2010, 1-20.

[49] Francis Fukuyama, *The End of History and the Last Man* (New York: Free Press, 1992).

[50] Naomi Klein, *Shock Doctrine: The Rise of Disaster Capitalism* (New York: Metropolitan Books/Henry Holt, 2007).

alternativas."[51] Esas distintas trincheras confieren complejidad teórica y práctica, pero también amplían las fronteras de los imaginarios utópicos que incentivan la resistencia social.[52] Ello suscita una transformación radical de la manera de ser iglesia en la historia. No se trata sólo de preconizar la "opción preferencial por los pobres", sino de reconfigurar el pensamiento teológico y la praxis eclesial desde la perspectiva de y la solidaridad con los diversos rostros de los menesterosos y marginados.

3) La recuperación, por parte de muchos cristianos, de la desafiante tesitura profética y evangélica de las tradiciones bíblicas.[53] Por más que se intente domesticar la fe cristiana, es imposible silenciar totalmente las memorias subversivas que anidan en sus textos y tradiciones más íntimas. Las teologías de liberación resignifican y recontextualizan esas memorias rebeldes.[54] Es ahí donde se encuentra su peculiar ruptura epistemológica. El evangelio, como ha escrito el teólogo español José María Castillo, "es la recopilación de 'recuerdos', el recuerdo peligroso de la libertad que cuestiona todas nuestras opresiones, nuestros miedos, nuestros desalientos, nuestras cobardías y también nuestras seguridades. Por eso el Evangelio es memoria subversiva, que nos descubre horizontes insospechados de libertad y autenticidad. Sólo así podremos recuperar el significado y la práctica de la Religión de

---

[51] Boaventura de Sousa Santos, *Crítica de la razón indolente: contra el desperdicio de la experiencia*, Vol. I. Para un nuevo sentido común: la ciencia, el derecho y la política en la transición paradigmática (Bilbao, España: Desclée de Brouwer, 2003), 28, 31.

[52] Michael Hardt and Antonio Negri, *Multitude: War and Democracy in the Age of Empire* (New York: The Penguin Press, 2004).

[53] Al respecto son útiles las ponencias que sobre las teologías de liberación se presentaron en el contexto del Foro Mundial sobre Teología y Liberación, que tuvo lugar a principios de 2005 en Porto Alegre, Brasil. Se recogen en *Another Possible World*, editado por Marcella Althaus-Reid, Ivan Petrella y Luiz Carlos Susin (London: SCM Press, 2007).

[54] Sobre las potencialidades rebeldes de las memorias reprimidas pero no aniquiladas, es valioso el texto de María Teresa de la Garza, *Política de la memoria: una mirada sobre Occidente desde el margen* (Ciudad de México: Universidad Iberoamericana, 2002).

Jesús."⁵⁵ A pesar del optimismo imperial de controlar el imaginario posible de los pueblos, se vislumbran, incluso en círculos teológicos pentecostales, por tanto tiempo ajenos a los disturbios sociales y políticos, señales de una reconfiguración liberacionista de la teología latinoamericana.⁵⁶

4) Dios importa todavía. En el interior de los agudos conflictos sociales, políticos y económicos que trastornan nuestras vidas comunitarias, la "batalla por Dios", como tan aptamente la ha catalogado Karen Armstrong,⁵⁷ se encrespa vigorosamente. Dios, en este contexto, es repensado por muchos no como trascendencia impasible e inmutable, sino, a la manera bíblica, como Quien escucha con esmero y compasión el clamor de los oprimidos y excluidos. Cuando las miserias sociales que afligen la vida comunitaria se hacen intolerables, la memoria del Dios que libera emerge continuamente, más allá de las disputas interminables entre el secularismo recalcitrante y el fundamentalismo religioso, y el texto paradigmático de emancipación social vuelve a resonar vigorosamente: "Los egipcios nos maltrataron, nos oprimieron y nos impusieron una dura servidumbre. Entonces pedimos auxilio al Señor, el Dios de nuestros padres, y él escuchó nuestra voz. Él vio nuestra miseria, nuestro cansancio y nuestra opresión, y nos hizo salir de Egipto con el poder de su mano y la fuerza de su brazo, en medio de un gran terror, de signos y prodigios. Él nos trajo a este lugar y nos dio esta tierra que mana leche y miel" (Deuteronomio 26:6-9). Como categóricamente

---

⁵⁵ Citado por Matilde Gastalver Matín en "Lo que no puedo callar de la visita del Papa", http://www.feadulta.com/IGLESIA_loque-no-puedo-callar.htm.

⁵⁶ Cf. Carmelo Álvarez, *Pentecostalismo y liberación* (San José, Costa Rica: DEI, 1992); Richard Shaull & Waldo Cesar, *Pentecostalismo e futuro das igrejas cristãs: Promesas e desafios* (Petrópolis, Brasil: Editora Vozes, 1999); Douglas Petersen, *Not by Might nor by Power: A Pentecostal Theology of Social Concern in Latin America* (Oxford: Regnum Books, 1996); Eldin Villafañe, *The Liberating Spirit: Toward an Hispanic American Social Ethic* (Grand Rapids, MI: Eerdmans, 1993); Luis N. Rivera-Pagán, "Pentecostal Transformation in Latin America," *A People's History of Christianity, Vol. 7: Twentieth-Century Global Christianity*, edited by Mary Farrell Bednarowski (Minneapolis, MN: Fortress Press, 2008, 190-210, 413-416).

⁵⁷ Karen Armstrong, *The Battle for God* (New York: Knopf, 2000).

afirma el influyente documento sudafricano *Kairós* (1985): "A través de toda la Biblia Dios aparece como el libertador de los oprimidos."[58]

Crítica al androcentrismo

De una manera u otra, toda la teología moderna poscartesiana, ha sido androcéntrica. En las postrimerías del siglo veinte se comenzó, sin todavía adelantarse mucho, la superación del androcentrismo, en su dual significado: la hegemonía masculina patriarcal y la subordinación de la naturaleza a la subjetividad humana. La aguda crítica feminista al patriarcado,[59] el escrutinio desolador de la heterosexualidad reproductiva como paradigma dominante para la identidad personal,[60] y las teologías con perspectivas feministas[61] o cósmicas[62] han minado su respetabilidad intelectual. De las ruinas de esta subjetividad de dominio, esa es la apuesta arriesgada, surge una teología de mayor solidaridad entre los seres humanos, de variadas identidades y subjetividades, y entre la humanidad y la naturaleza.[63]

Se incrementa, por consiguiente, la percepción de que el antropocentrismo tradicional es una hipóstasis de la subjetividad masculina, la cual todavía, en los albores del siglo veintiuno, pretende que las iglesias y la teología sean sus más firmes bastiones de repliegue

---

[58] Versión electrónica: http://people.bethel.edu/~letnie/AfricanChristianity/SAKairos.html.

[59] Gerda Lerner, *The Creation of Patriarchy* (New York: Oxford University Press, 1986) y *The Creation of Feminist Consciousness* (New York: Oxford University Press, 1993).

[60] Judith Butler, *Gender Trouble: Feminism and the Subversión of Identity* (New York and London: Routledge, 1990, 1999).

[61] Elisabeth Schüssler Fiorenza, *In Memory of Her: A Feminist Theological Reconstruction of Christian Origins* (New York: Crossroad, 1983); and *Rhetoric and Ethic: The Politics of Biblical Studies* (Minneapolis, MN: Fortress Press, 1999).

[62] Leonardo Boff, *Ecología: grito de la tierra, grito de los pobres* (Madrid: Editorial Trotta, 1996) e Ivone Gebara, *Intuiciones ecofeministas* (Madrid: Editorial Trotta, 2000).

[63] Véase Raúl Fornet-Betancourt, *Transformación intercultural de la filosofía* (Bilbao: Editorial Desclée De Brouwer, 2001), 349-370.

defensivo.⁶⁴ ¡Cuán ejemplarmente doloroso fue el silenciamiento de sor Juana Inés de la Cruz, en la Nueva España del siglo diecisiete, por jerarcas que resintieron su autonomía intelectual y el sugestivo erotismo de algunos de sus versos! ¡Cuán ejemplar fue también su valeroso desafío a la jerarquía que pretendía negarle su capacidad dialógica!⁶⁵ ¡Cuán patriarcal y pasado de época nos parece hoy el sermón que en ocasión de la boda de su gran amigo Eberhard Bethge escribiese, desde la cárcel, Bonhöffer con su machacada insistencia, adobada con textos neotestamentarios, sobre la hegemonía masculina en el matrimonio y la familia!⁶⁶

La teología liberacionista feminista, en todos sus distintos matices actuales, pone en jaque la misoginia que aqueja fatalmente buena parte de la tradición eclesiástica, la cual ha pretendido enclaustrar a la mujer en el restrictivo binomio Eva/María. Prototipo de esa tradición es el juicio feroz de Tertuliano sobre la mujer como Eva seductora, puerta de entrada de Satanás, el pecado y la muerte. "¿No sabéis que cada una de vosotras es Eva? La sentencia divina sobre vuestro sexo perdura; la culpa, por consiguiente, también persiste. Sois la puerta de entrada del

---

⁶⁴ Elina Vuola, *Teología feminista - teología de la liberación: los límites de la liberación: La praxis como método de la teología latinoamericana de liberación y de la teología feminista* (traducción de Janeth Solá de Guerrero) (Madrid: IEPALA, 2000).

⁶⁵ El texto principal en debate fue su defensa del derecho de la mujer al estudio y al diálogo intelectual: "Respuesta de la poetisa a la muy ilustre sor Filotea de la Cruz," en Sor Juana Inés de la Cruz, *Primero sueño y otros textos* (Buenos Aires: Editorial Losada, 2004), 231-278. Véase el espléndido libro de Octavio Paz, *Sor Juana Inés de la Cruz o las trampas de la fe* (México, D. F.: Fondo de Cultura Económica, 2003). Desde una perspectiva femenina, son valiosos los recientes estudios de Yolanda Martínez-San Miguel, *Saberes americanos: subalternidad y epistemología en los escritos de Sor Juana* (Pittsburgh, PA: Instituto Internacional de Literatura Iberomericana, Universidad de Pittsburgh, 1999) y Michelle A. González, *Sor Juana: Beauty and Justice in the Americas* (Maryknoll, NY: Orbis Books, 2003). Sin olvidar la fascinante película de Maria Luisa Bemberg, "Yo, la peor de todas" (1990) ni la provocadora novela de Alicia Gaspar de Alba, *Sor Juana's Second Dream* (Albuquerque: The University of New Mexico Press, 1999) con su sutil crítica a la implícita postura homofóbica de muchos estudios sobre sor Juana.

⁶⁶ Dietrich Bonhöffer, *Letters and Papers from Prison: The Enlarged Edition* (London: The Folio Society, 2000), 37-43.

Diablo... la primera desertora del mandato divino, la que persuadió a quien el Diablo no era capaz de enfrentar. Fácilmente destrozasteis la imagen de Dios, el hombre. Por la pena de vuestra traición – la muerte – hasta el Hijo de Dios tuvo que morir."[67] Como parece evidente, Tertuliano sigue de cerca el tono patriarcal de la canónica *primera epístola a Timoteo*, por siglos atribuida a san Pablo, según la cual el varón posee la honra de la primacía ontológica de la creación y la mujer la deshonra prioritaria del pecado.[68] Tertuliano extrae de estas premisas la exclusión de la mujer de toda posible función sacerdotal y jerárquica en la iglesia. "No se permite a la mujer hablar en la iglesia; tampoco se le permite enseñar, bautizar ni oficiar, ni puede reclamar para si función sacerdotal alguna."[69]

Ciertamente los debates prosiguen al interior de las iglesias y el patriarcado se refugia en el búnker del privilegio exclusivo de los varones a la ordenación ministerial,[70] el control de los derechos

---

[67] Tertuliano, *Sobre la vestimenta de las mujeres*, libro I, capítulo 1: Introducción [*The Ante-Nicene Fathers*, Vol. IV, edited by Alexander Roberts and James Donaldson (Grand Rapids, Michigan: Eerdmans, 1965), 14]. Se consigue electrónicamente en http://www.tertullian.org/anf/anf04/anf04-06.htm#P263_52051.

[68] I Timoteo 2: 11-15: "Que las mujeres escuchen la instrucción en silencio, con todo respeto. No permito que ellas enseñen, ni que pretendan imponer su autoridad sobre el marido: al contrario, que permanezcan calladas. Porque primero fue creado Adán, y después Eva. Y no fue Adán el que se dejó seducir, sino que Eva fue engañada y cayó en el pecado. Pero la mujer se salvará, cumpliendo sus deberes de madre, a condición de que persevere en la fe, en el amor y en la santidad, con la debida discreción."

[69] Tertuliano, *Sobre el velo de las vírgenes*, capítulo 9 [*The Ante-Nicene Fathers*, Vol. IV, 33]. Se consigue electrónicamente en http://www.tertullian.org/anf/anf04/anf04-09.htm#P545_113997.

[70] Véase la carta apostólica de Juan Pablo II, *Ordinatio Sacerdotalis* (22 mayo 1994), en la cual el Papa sentencia "que la Iglesia no tiene en modo alguno la facultad de conferir la ordenación sacerdotal a las mujeres, y que este dictamen debe ser considerado como definitivo por todos los fieles de la Iglesia." La más numerosa iglesia protestante estadounidense, la Convención Bautista del Sur, excluye a la mujer del ministerio pastoral, aludiendo autoridad bíblica: "el oficio de pastor está limitado a los hombres, como lo limita la Escritura." Southern Baptist Convention, *The 2000 Baptist Faith and Message*

reproductivos de la mujer y el monopolio casi exclusivo de imágenes masculinas para referirse a Dios en la liturgia ("Padre", "Señor"). En círculos ligados a la escuela de teología de Harvard y aprovechando la recuperación de un gran número de documentos no canónicos que iluminan la fascinante diversidad de los cristianismos iniciales (el plural es intencional), varias teólogas feministas reclaman y reivindican la autoridad apostólica de María Magdalena como contrapartida al patriarcado que logra finalmente imponerse.[71]

Diversos estudios interdisciplinarios reflejan el cobro de conciencia, de muchos científicos sociales, humanistas y teólogos, de que el futuro de la humanidad está indisolublemente ligado al cuido respetuoso y responsable de nuestros ecosistemas, al reconocimiento de que el ser humano es parte de la naturaleza. Aunque la tradición eclesiástica, sobre todo la protestante, ha tendido a enfocar el drama de la redención exclusivamente en dos egos individuales, el Dios trascendente y el alma humana, el verso bíblico, quizá más famoso y citado de las sagradas escrituras cristianas, teje un horizonte cósmico más amplio e inclusivo: "Tanto amó Dios al *mundo* que dio a su Hijo unigénito..." (Juan 3:16). El drama de la redención no se circunscribe, por consiguiente, a las almas humanas individuales; incluye al mundo, al *kósmos*.

Esa amplitud cósmica se acentúa gracias a la enigmática idea, esbozada en algunas epístolas neotestamentarias atribuidas tradicionalmente a san Pablo, que vislumbra la culminación de la historia ("la plenitud de los tiempos") como reconciliación o recapitulación (*anakephalaiõsis*) de todo lo existente, "lo que está en los cielos y lo que está en la tierra" (Efesios 1:9-10; Colosenses 1:15-20). Es un horizonte escatológico de vastos alcances universales que tiene como eje a un Cristo cósmico, como lo ha concebido el teólogo

---

(http://www.sbc.net/translate/spanish/TheBaptistFaithAndMessage.pdf).

[71] Ann Graham Brock, *Mary Magdalene, The First Apostle: The Struggle for Authority* (Cambridge, MA: Harvard University Press, 2003).

Matthew Fox,[72] y que permite enlazar de forma audaz y novedosa la teología y la ecología.[73]

Mujer y naturaleza: en el monoteísmo patriarcal han sido conjugadas por el afán masculino de posesión y dominio. De Sousa Santos ha llamado la atención a los "vínculos entre la degradación de la naturaleza y la degradación de la vida de las mujeres… Aún más, la construcción social de la mujer como naturaleza o como próxima a la naturaleza (corporalidad, sensualidad) permite un isomorfismo insidioso entre la dominación de la naturaleza y la dominación de la mujer…"[74] De la crítica a esta tradición androcéntrica, que en Occidente tiene sus raíces conceptuales en Aristóteles,[75] surge una teología que ha dado por llamarse ecofeminista, la cual desafía tanto la explotación de la naturaleza con objetivos militaristas[76] o de lucro financiero como la subordinación de la mujer.[77]

Sexualidad

La sexualidad y el erotismo reclaman hoy centralidad como temas de reflexión teológica, en franca rebeldía al moralismo represivo que

---

[72] Matthew Fox, *The Coming of the Cosmic Christ* (San Francisco: Harper, 1988).

[73] Denis Edwards, Ecology at the Heart of Faith: The Change of Heart That Leads to a New Way of Living on Earth (Maryknoll, NY: Orbis Books, 2007).

[74] Boaventura de Sousa Santos, *Crítica de la razón indolente*, 325.

[75] De acuerdo con de Sousa Santos, la biología, política y ética de Aristóteles "se basan en el presupuesto de la inferioridad de la mujer." *Crítica de la razón indolente*, 97.

[76] Luis N. Rivera Pagán, *A la sombra del armagedón: reflexiones críticas sobre el desafío nuclear* (Río Piedras: Editorial Edil, 1988).

[77] Sallie McFague, *Models of God: Theology for an Ecological, Nuclear Age* (Philadelphia: Fortress Press, 1987); Rosemary Radford Ruether, *Integrating Ecofeminism, Globalization, and World Religions* (Lanham: Rowman & Littlefield Publishers, 2005), Mary Judith Ress, *Ecofeminism from Latin America (Women from the Margins)* (Maryknoll, NY: Orbis Books, 2006).

desde sus años mozos ha perseguido al cristianismo.[78] En una sociedad en la que la sexualidad se mercantiliza y fetichiza, la corporalidad, el deseo y el placer salen del clandestinaje y asumen lugar de honor en una peculiar modalidad de teología transgresora.

Curiosamente, en el momento mismo en que el estado moderno democrático ajusta su legislación y jurisprudencia a la diversidad de estilos de vida,[79] la homofobia, con raíces profundas en la historia del monoteísmo patriarcal,[80] retoña con fuerza en algunas instituciones eclesiásticas, como queda demostrado en las recientes manifestaciones públicas de las iglesias pentecostales y evangélicas latinoamericanas y en el retorno de Roma a nociones tradicionales y heterosexistas de la familia.[81]

---

[78] La obra clásica al respecto es Peter Brown, *The Body and Society. Men, Women and Sexual Renunciation in Early Christianity* (New York: Columbia University Press, 1988).

[79] Véase, a estos efectos, la decisión del Tribunal Supremo de los Estados Unidos en *Lawrence et al v. Texas,* 26 de junio de 2003, la cual declaró inconstitucional la ley de Texas que criminalizaba las relaciones homoeróticas. Al así hacerlo, desbancó estatutos similares, en otros estados y territorios bajo la constitución estadounidense, que discriminaban contra los homosexuales. Ya varios estados europeos han modificado sus códigos legales para proscribir todo tipo de discrimen contra personas no heterosexuales. Al norte y al sur del hemisferio americano, provincias de Canadá, Estados Unidos, México y Argentina legislan a favor de las uniones civiles entre parejas del mismo sexo.

[80] Una de las censuras teológicas más severas e influyentes de la homosexualidad la articula Karl Barth, *Church Dogmatics,* Vol. III/4 (Edinburgh: T. &. T. Clark, 1960), 166.

[81] Congregación para la Doctrina de la Fe, *Consideraciones acerca de los proyectos de reconocimiento legal de las uniones entre personas homosexuales,* documento dado a la publicidad el 31 de julio de 2003, en Ciudad del Vaticano, Roma, firmado por el entonces prefecto de la Congregación, el cardenal Joseph Ratzinger, y aprobado previamente por el papa Juan Pablo II. Excepción notable ha sido la elección y confirmación de V. Gene Robinson, sacerdote homosexual, como obispo anglicano de New Hampshire, eventos que han conmovido a la comunión anglicana mundial y cuyas repercusiones en otras iglesias son todavía impredecibles. Sobre todo este debate es provechoso el libro de William Stacy Johnson, *A Time to Embrace: Same-Gender Relationships in Religion, Law, and Politics* (Grand Rapids: Eerdmans, 2006).

Contra esa homofobia discriminatoria surge la producción teológica gay, lesbiana y "queer", la cual estimula nuevos entendimientos de las relaciones de género y sexo.[82] Todavía la academia teológica, incluyendo la liberacionista clásica, intenta despejar su perplejidad ante los desafíos *obscenos* y *pervertidos*, sus términos, de la argentina Marcella Althaus-Reid y su perturbador "texto maldito": *Indecent Theology: Theological Perversions in Sex, Gender and Politics*.[83] El desafío consiste en imaginar una variedad de relaciones eróticas y románticas que amplíe los horizontes estrechos y represivos de la familia tradicional y que posibilite un vínculo más estrecho y genuino entre eros, filía y ágape, como ha reclamado Rosemary Radford Ruether.[84]

A nivel literario continental se detecta el cambio significativo de actitud hacia la homosexualidad si comparamos, por ejemplo, *La tregua*, de Mario Benedetti,[85] publicada en 1960, donde Jaime, un joven homosexual, es tratado por su padre, su familia y aparentemente por el mismo autor, como un degenerado, un pervertido que "se ha echado a perder", con la complejidad con que Manuel Puig traza el tema en su clásico *El beso de la mujer araña* (1976),[86] el relato de Senel Paz, *El lobo, el bosque y el hombre nuevo*, impreso en 1991,[87] que pinta con mucha simpatía a Diego, el melancólico homosexual cubano, o la novela del

---

[82] Cf. Elizabeth Stuart, *Gay and Lesbian Liberation Theologies: Repetitions with Critical Difference* (Brookfield, VT: Ashgate, 2003) y Marcella Althaus-Reid, *The Queer God* (London & New York: Routledge, 2003).

[83] London: Routledge, 2000. Véase también Marcella Althaus-Reid, *Liberation Theology and Sexuality* (London: Ashgate, 2006).

[84] Rosemary Radford Ruether, *Christianity and the Making of the Modern Family* (Boston: Beacon Press, 2000). Sobre éstos tan disputados asuntos es muy útil la amplia antología editada por Marvin M. Ellison y Kelly Brown Douglas, *Sexuality and the Sacred: Sources for Theological Reflection* (2nd. ed) (Louisville, KY: Westminster John Knox Press, 2010).

[85] Mario Benedetti, *La tregua* (Madrid: Alfaguara, 1994, publicado por primera vez en 1960).

[86] Manuel Puig, *El beso de la mujer araña* (Barcelona: Seix Barral, 1976).

[87] Senel Paz, *El lobo, el bosque y el hombre nuevo* (México, D. F.: Ediciones Era, 1991).

chileno Pedro Lemebel, *Tengo miedo torero* (2001).[88] Solidaridad similar destila la escritora jamaiquina Michelle Cliff hacia Harry/Harriet, un personaje clave, transexual y travesti, en su novela, *No Telephone to Heaven*.[89]

Por toda Hispanoamérica la cultura juvenil deja atrás gradualmente los prejuicios de sus antecesores. En Cuba, donde se intentó en un momento dado imponer un estilo de virilidad que exacerbó la homofobia tradicional latina y católica,[90] la juventud canta hoy con entusiasmo la provocadora letra de "El pecado original" de Pablo Milanés, uno de los principales compositores y cantantes de la nueva trova nacionalista y revolucionaria:

"Dos almas
dos cuerpos
dos hombres que se aman
van a ser expulsados del paraíso
que les tocó vivir...
Ninguno de los dos es un censor de
sus propios anhelos mutilados...
y sienten que pueden en cada mañana
ver su árbol, su parque, su sol...
Que pueden desgarrarse sus entrañas
en la más dulce intimidad con el amor...
No somos Dios
no nos equivoquemos otra vez."

No puede, en este contexto, obviarse ni olvidarse que del discriminen y exclusiones que sufren las comunidades no heterosexuales de nuestros países, las iglesias no son meras espectadoras: son cómplices principales.[91] Las fronteras de identidad

---

[88] Pedro Lemebel, *Tengo miedo torero* (Barcelona: Anagrama, 2001).

[89] Michelle Cliff, *No Telephone to Heaven* (New York: Plume, 1996, orig. 1987).

[90] Iam Lumsden, *Machos, Maricones, and Gays: Cuba and Homosexuality* (Philadelphia: Temple University Press, 1996).

[91] Luis N. Rivera Pagán, "Reflexiones teológicas sobre la homosexualidad", en, del mismo autor, *Fe y cultura en Puerto Rico* (Quito, Ecuador: Consejo Latinoamericano de Iglesias, 2002), 72-82; Leopoldo Cervantes-Ortiz, "La ley de uniones homosexuales

sexual e inclusividad social se amplían y democratizan, forjando una importante crisis de conciencia para las iglesias, lo cual constituye un reto novedoso para el pensamiento teológico y la hermenéutica bíblica.[92]

Tortura, desaparecidos y martirio

En tiempos en que, por una de las dimensiones más siniestras de la mentada "guerra contra el terror", el tema de la tortura y los desaparecidos cobra vigencia en el debate público,[93] extraño que la teología latinoamericana no haya reflexionado con rigor, hasta donde conozco, sobre estos ultrajes mayores a la dignidad del ser humano, concebido en la tradición cristiana como forjado a imagen de Dios. Al fin y al cabo, nosotros los latinoamericanos somos expertos en estos atroces asuntos. La tortura y las desapariciones han sido temas dolorosamente tratados en algunas obras claves de nuestra literatura, como *El beso de la mujer araña*, de Manuel Puig, *Pedro y el capitán*, de Mario Benedetti y *La muerte y la doncella*, de Ariel Dorfman, entre otras.[94] Podemos imaginar un enlace muy fecundo con el tema del martirio, el cual ciertamente ha reclamado la atención de nuestros teólogos. Hay mártires de la fe y mártires de la conciencia. El dolor, la muerte y el reclamo de justicia los hermana.

El arzobispo de San Salvador, Oscar Arnulfo Romero, pocos días antes de ser asesinado, en marzo de 1980, catalogó al martirio como gracia divina. "El martirio es una gracia de Dios que no creo merecer. Pero si Dios acepta el sacrificio de mi vida, que mi sangre sea la semilla

---

en la capital mexicana: una revisión coyuntural, eclesial y teológica", *Lupa protestante*, 24 de febrero de 2010.

[92] Thomas Römer y Loyse Bonjour, "La homosexualidad en el Cercano Oriente antiguo y en la Biblia", *Oikodomein* (Comunidad Teológica de México), Año 11, Núm. 12, marzo 2007; Renato Lings, *Biblia y homosexualidad: ¿Se equivocaron los traductores?* (San José, Costa Rica: Editorial SEBILA, 2011).

[93] Véase el diálogo sobre estos asuntos entre dos de las más destacadas críticas feministas de la actualidad: Judith Butler & Gayatri Chakravorty Spivak, *Who Sings the Nation-State? Language, Politics, Belonging* (London: Seagull Books, 2007).

[94] Manuel Puig, *El beso de la mujer araña*; Mario Benedetti, *Pedro y el capitán* (México, DF: Editorial Nueva Imagen, 1979); Ariel Dorfman, *La muerte y la doncella* (Buenos Aires: Ediciones de la Flor, 1992).

de libertad y la señal de que la esperanza será pronto una realidad."[95] Una teología que se siente convocada a defender la dignidad de los oprimidos puede y debe prestar atención cuidadosa y rigurosa a los distintos martirios como violación máxima de la dignidad humana.[96]

De mártires no carece la historia de nuestras tierras. El trasfondo histórico de, por un lado, la sangrienta represión que muchos pueblos latinoamericanos sufrieron durante la segunda mitad del siglo veinte a manos de regímenes de rígido talante militarista y, por el otro, el fracaso de la estrategia guevarista de guerra de guerrillas,[97] nos impone el desafío complejo de diseñar una teología alterna que propugne una espiritualidad y una cultura de paz y justicia.[98]

Epílogo

Son muchos los desafíos que enfrenta el pensamiento teológico en este siglo que recién se inicia. Enfrentarlos requiere un diálogo continuo y un debate intenso pero respetuoso si queremos ser fieles a la vocación, compleja pero fascinante, de articular las expresiones intelectuales de nuestra fe que mejor se ajusten a los tiempos y contextos que nos ha tocado vivir.

Es la responsabilidad de toda generación que se suma a la "gran nube de testigos" (Hebreos 12:1) que nos precede. Es una tarea

---

[95] En una entrevista concedida por el arzobispo al periodista mexicano José Calderón Salazar, corresponsal del Diario *Excelsior*, en Guatemala, dos semanas antes de su muerte. Véase Luis N. Rivera-Pagán, "For Times Such as This. Oscar Romero: Bishop, Prophet, Martyr," en, del mismo autor, *Essays from the Diaspora* (Mexico DF: Publicaciones El Faro, 2000), 89-110.

[96] Es paradigmático el sugestivo análisis teológico que de la tortura lleva a cabo Mark Lewis Taylor en su libro *The Theological and the Political: On the Weight of the World* (Minneapolis, MN: Fortress Press, 2011). Sobre la tortura como estrategia política de control y deshumanización, véase el tomo grueso de Darius Rejali, *Torture and Democracy* (Princeton: Princeton University Press, 2009).

[97] Ernesto Che Guevara, "La guerra de guerrillas" (1960), en, del mismo autor, *Obra revolucionaria* (México, DF: Ediciones Era, 1967), 23-109.

[98] Para este desafío es valioso el libro de Anaida Pascual Morán, *Acción civil noviolenta: fuerza de espíritu, fuerza de paz* (Río Piedras, Puerto Rico: Publicaciones Puertorriqueñas, 2003).

sobrecogedora ya que la teología peregrina azarosamente en tres contextos lingüísticos y conceptuales distintos pero vinculados: la iglesia como comunidad de fe, la academia como lugar de debate intelectual, y la sociedad como eje de la vida económica y política.[99] En ocasiones, este inmenso desafío exige el silencio acogedor, en otras nos fuerza al riesgo de tomar y asumir la palabra.

Señor,
tú hablas
y yo lo convierto en palabra.

Mi poema
Es una traición
que se repite
un plagio desvergonzado
al que doy mi firma.

Señor,
tú callas
y yo amo las palabras.

Plagio
Ángel Darío Carrero

---

[99] Es ejemplar el tratamiento que de esta tríada de escenarios del quehacer teológico lleva cabo David Tracy en su libro *The Analogical Imagination: Christian Theology and the Culture of Pluralism* (New York: Crossroad, 1981), 3-46.

LA VOZ PROFÉTICA: JUSTICIA, PAZ Y RECONCILIACIÓN

> "No es un prestigio para la Iglesia estar bien con los poderosos. Este es el prestigio de la Iglesia: sentir que los pobres la sienten como suya… porque únicamente ellos son los bienaventurados…
>
> Y si Cristo es Dios majestuoso que se hace hombre humilde hasta la muerte de los esclavos en una cruz y vive con los pobres, así debe ser nuestra fe cristiana."
>
> Arzobispo Óscar Arnulfo Romero[1]

La Biblia: Literatura perturbadora

Las Sociedades Bíblicas Unidas de las Américas celebraron, hace varios años, en San Juan, Puerto Rico, una consulta intercontinental. En ese cónclave sostuvimos una conversación compleja pero indispensable sobre un tema crucial: los cambios y desafíos en la hermenéutica bíblica contemporánea en diálogo con un mundo en el que por todos sus ámbitos geopolíticos convergen la miseria y la resistencia, la aflicción y la esperanza.

En la ponencia que presenté en esa consulta recalqué lo que en realidad todos sabemos: no es sencilla ni simple la lectura de las sagradas escrituras. Su estudio atento y cuidadoso tiende a ser

---

[1] "Homilía de 17 de febrero de 1980," en *Día a día con monseñor Romero: Meditaciones para todo el año* (Madrid: PPC Editorial, 2005), 366-367.

provocador y perturbador. Con excesiva frecuencia, hace añicos nuestras acomodadas actitudes, inclinaciones y perspectivas. En palabras de Amos Elon, uno de mis escritores israelíes preferidos: "La Biblia... a diferencia de los libros de otros pueblos antiguos, fue... escritura de un pueblo insignificante y remoto – y no la literatura de sus gobernantes, sino de sus críticos. Los profetas de Jerusalén rechazaron aceptar el mundo tal como era. Inventaron la literatura de la disensión política y, con ello, la escritura de la esperanza."[2]

A diferencia de muchos textos sagrados de la antigüedad, la Biblia hebrea no es un himno de exaltación ni glorificación de los poderes imperantes. Proviene más bien de la angustia de la derrota, de las crueldades propiciadas por la violencia de la guerra o las inclemencias de la opresión. Su matriz de origen es el cautiverio y el exilio. Es el testimonio de un pueblo pequeño, devastado y desplazado por la guerra. Otro Pulgarcito de la historia, si se me permite evocar la genial frase de Gabriela Mistral sobre El Salvador, que luego inmortalizó Roque Dalton en un libro – *Las historias prohibidas del Pulgarcito*[3] – publicado poco antes de caer víctima de inesperadas manos asesinas.

La pregunta "¿por qué Dios nos ha abandonado?" es el gran dilema teológico y político del Antiguo Testamento. Las escrituras sagradas hebreas se redactaron desde la perspectiva del cautiverio y la desposesión.[4] Convocan a la memoria, el lamento y la fidelidad. También a la esperanza.[5]

El Nuevo Testamento procede asimismo de trágicas catástrofes: la crucifixión de Jesús, la devastación de Jerusalén por el ejército imperial romano y la persecución y dispersión del todavía pequeño grupo de

---

[2] Amos Elon, *Jerusalem: Battlegrounds of Memory* (New York: Kodansha International, 1995, 19, mi traducción).

[3] Roque Dalton, *Las historias prohibidas del Pulgarcito* (México, DF: Siglo XXI, 1974).

[4] Daniel L. Smith-Christopher, *A Biblical Theology of Exile* (Minneapolis: Fortress Press, 2002).

[5] Hans de Wit, *En la dispersión el texto es patria: Introducción a la hermenéutica clásica, moderna y posmoderna* (San José, Costa Rica: Universidad Bíblica Latinoamericana, 2002); Leonardo Boff, *Teología desde el cautiverio* (Bogotá: Indo-American Press Service, 1975).

seguidores del Nazareno. El desgarrador clamor de Jesús en la cruz – "¡Dios mío, Dios mío! ¿Por qué me has desamparado?" – resume dramáticamente el amargo grito de dolor que desde la esclavitud en Egipto hasta los perseguidos del Apocalipsis neotestamentario expresa las penurias de los hombres y mujeres martirizados por quienes se creen dueños y señores de la historia. De las tragedias del pueblo de Dios y de sus anhelos de redención surgen nuestras escrituras sagradas, la matriz literaria forjadora de nuestra identidad y nuestras esperanzas.

Esto quiere decir, por consiguiente, que el asunto clave de la liberación se ve en la Biblia siempre desde la perspectiva de la servidumbre (en Egipto), el cautiverio (en Babilonia) o la dispersión forzosa (por todo el imperio romano). La esperanza de la emancipación procede de la experiencia de la historia humana como tragedia. El ansia de redención es, por tanto, perspectiva clave irrenunciable al leer e interpretar las escrituras.[6] Como hace cuatro décadas escribió el teólogo mexicano José Porfirio Miranda, "casi no hay un solo pasaje bíblico que describa a Yahvé… y se abstenga de mencionar a los pobres y oprimidos por cuya liberación hace Yahvé la guerra a los opresores e injustos…"[7]

Una pregunta clave

Una pregunta clave que se debatió intensamente en el cristianismo original fue la siguiente: ¿se debe conservar, como escritura canónica, la Biblia hebrea, el Antiguo Testamento? La respuesta final, apoyada por la mayoría de las comunidades cristianas, fue afirmativa y por diversas razones:

En primera instancia, para mantener la unidad entre el Dios Creador y el Padre de Jesucristo y así evitar la fragmentación de la divinidad. Esa fue la convicción que con vigor defendió Ireneo de

---

[6] Luis N. Rivera-Pagán, "God the Liberator: Theology, History, and Politics," *In Our Own Voices: Latino/a Renditions of Theology*, edited by Benjamin Valentin (Maryknoll, NY: Orbis Books, 2010), 1-20.

[7] José Porfirio Miranda, *Marx y la Biblia: crítica a la filosofía de la opresión* (Salamanca: Ediciones Sígueme, 1972), 150.

Lyon, al disputar contra gnósticos y marcionistas a fines del siglo segundo, en su extensa e intensa obra apologética *Adversus haereses*.[8]

Corolario de esa respuesta se afirmó el valor intrínseco de la creación del cosmos, de la materia, de la naturaleza, del cuerpo contra la tendencia gnóstica y neoplatónica a espiritualizar la redención. La vocación cristiana no debe concebirse como disolución de la materialidad de la vida humana.[9] Es algo a recordar y recalcar en tiempos en que la afición desordenada y excesiva por el lucro amenaza seriamente la integridad de la naturaleza.

Se resaltó además la centralidad de la historia como escenario de los encuentros y desencuentros entre Dios y la humanidad. Es en la historia, con sus múltiples azares y pesares, que el ser humano cultiva la naturaleza, forja sus culturas y diseña sus religiosidades.[10] Por eso se ha aseverado que la idea de una historia universal es criatura original del cristianismo, fruto de la rica creatividad teológica que acontece desde Ireneo hasta Agustín.[11] La fe cristiana es inseparable de la primacía ontológica de la historia como ineludible destino humano.[12]

Sin embargo, desde los inicios del cristianismo se reconocieron los siguientes riesgos de la preservación canónica del Antiguo Testamento:

- El posible retorno de la mentalidad legalista y farisaica que otorga hegemonía, en el pensamiento y la vida, a la Ley sobre la solidaridad, la justicia y la compasión, quebrando así el

---

[8] Luis N. Rivera-Pagán, *Unity and Truth: The unity of God, Man, Jesus Christ, and the Church in Irenaeus* (Ph. D. Dissertation. Yale University, 1970). Reproduced by University Microfilms International (Ann Arbor, Michigan), 1971.

[9] Leonardo Boff, *Ecología: grito de la tierra, grito de los pobres* (Madrid: Editorial Trotta, 1996); Ivone Gebara, *Intuiciones ecofeministas* (Madrid: Editorial Trotta, 2000).

[10] Justo L. González, *Culto, cultura y cultivo: Apuntes teológicos en torno a las culturas* (Lima, Perú: Ediciones Puma, 2008).

[11] Mircea Eliade, *The Myth of the Eternal Return* (New York: Pantheon Books, 1954).

[12] Véase el importante ensayo de Ignacio Ellacuría, "Historicidad de la salvación cristiana", en *Mysterium Liberationis: conceptos fundamentales de la teología de la liberación, Vol. I* (Madrid: Editorial Trotta, 1990), 323-372.

contraste paulino entre gracia y ley y generando incluso prácticas atroces como la subordinación social de la mujer, la condena de herejes y hechiceras, la lapidación de desposadas no vírgenes o de adúlteras y la ejecución de homosexuales.[13] Es la tentación seductora y perenne de la idolatría de la letra sagrada.

- La posible reconstitución de una teocracia rígida e intolerante, que indefectiblemente resulta patriarcal y misógina, por la correspondencia genérica masculina entre Dios, el monarca y el paterfamilias.[14]

- La tentación de la mentalidad de "pueblo santo y exclusivo", con el alegado derecho de limpiar la tierra de infieles impuros y contaminantes.[15] Ejemplo de ello se muestra en los epílogos de los libros de Nehemías y Esdras, que culminan con un acto de inmensa crueldad: la expulsión de las mujeres extranjeras por considerárseles potenciales fuentes de contaminación espiritual y cultural.[16] Es uno de los puntos cumbres de la misoginia patriarcal y androcéntrica que nutren varios textos bíblicos. En la oportuna frase de Phyllis Trible, son genuinos "textos de terror".[17]

- La Biblia hebrea con sus nociones de "pueblo elegido" y "tierra prometida" se ha utilizado, por sionistas israelíes, judíos y cristianos, como recurso sagrado de última instancia para

---

[13] Elizabeth Stuart, *Gay and Lesbian Liberation Theologies: Repetitions with Critical Difference* (Brookfield, VT: Ashgate, 2003); Marcella Althaus-Reid, *The Queer God* (London & New York: Routledge, 2003).

[14] Rosemary Radford Ruether, *Christianity and the Making of the Modern Family* (Boston: Beacon Press, 2000); Elisabeth Schüssler Fiorenza, *In memory of Her: A Feminist Theological Reconstruction of Christian Origins* (New York: Crossroads, 1994).

[15] Regina M. Schwartz, *The Curse of Cain: The Violent Legacy of Monotheism* (Chicago and London: The University of Chicago Press, 1997).

[16] Elisabeth Cook Steicke, *La mujer como extranjera en Israel: Estudio exegético de Esdras 9-10* (San José, Costa Rica: Editorial SEBILA, 2011).

[17] Phyllis Trible, *Texts of Terror: Literary-Feminist Readings of Biblical Narratives* (Philadelphia: Fortress Press, 1984).

justificar el desplazamiento, la desposesión y la expoliación del pueblo palestino, al que injustamente se le obliga a subsanar los agravios del multisecular antisemitismo occidental.[18]

La voz profética

En ese balance de riesgos y ganancias, resulta decisiva la tradición escrituraria profética. La preservación canónica de la voz profética bien vale enfrentar los riesgos que conlleva el Antiguo Testamento. Veamos brevemente algunos de los rasgos y matices claves de la voz profética bíblica.

La voz profética se caracteriza por su condena firme y radical de los poderes políticos a causa de la sistemática y continua opresión política, social y económica que propician y ejercen (Isaías 1:10-23; 2:2-4; 3:13-15; 10:1-2; 58:1-10; 61:1; 65:17-25; Jeremías 7:1-7; 22:1-17; 34:8-22; Salmos 72:1-4, 12-14; 82:2-5; 85:10-11; 146:5-9; Miqueas 2:1-5; 3:1-4; 4:1-4; Amós 2:6-16; 3:9-15; 5:18-24; 8:4-10; Ezequiel 22:6-7, 12, 23-31; 16:49; 34:1-10).[19] Incluso respecto a Sodoma el profeta Ezequiel condena el pecado de esa legendaria ciudad de una manera distinta a la que hoy acostumbramos oír: "Este fue el crimen de tu hermana Sodoma: orgullo, voracidad, indolencia de la dulce vida tuvieron ella y sus hijas; no socorrieron al pobre y al indigente" (Ezequiel 16:49). La voz profética repudia y transgrede toda estructura de dominio opresor, sobre todo aquella que intenta legitimarse arguyendo ideologías nacionales o religiosas.

La solidaridad con los desvalidos, desamparados, oprimidos y vulnerables emerge como criterio hermenéutico y epistémico central en el reiterado juicio profético de los poderes establecidos. ¿Quiénes son los desvalidos? En esa amplia categoría se mencionan reiteradamente aquellos miembros de la comunidad que necesitan el amparo colectivo para subsistir con libertad y dignidad social: los

---

[18] Nur Masalha, *The Bible and Zionism: Invented Traditions, Archaeology and Post-colonialism in Palestine-Israel* (London /New York: Zed Books, 2007); Robert O. Smith, *More Desired than Our Owne Salvation: The Roots of Christian Zionism* (New York: Oxford University Press, 2013); Luis N. Rivera-Pagán, "Desafíos teológicos del conflicto palestino-israelí," *Signos de Vida*, no. 55, marzo de 2010, 6-9.

[19] Walter J. Houston, *Contending for Justice: Ideologies and Theologies of Social Justice in the Old Testament* (London: T & T Clark, 2008).

pobres, los huérfanos, las viudas y los forasteros. El salmo 72, posiblemente un himno de coronación expresivo de la ideología dominante de la dinastía davídica, configura la monarquía, a resguardo de la voz profética, como guardiana de la solidaridad con los menesterosos y oprimidos. Es tema crucial de muchos de los salmos, fascinantes expresiones poéticas de lo mejor de la religiosidad bíblica.[20]

Se resalta la memoria del éxodo como evento emancipador paradigmático y fuente generadora de las normas de justicia social (Deuteronomio 5:15; 15:15; 24:18, 22; Miqueas 6:4). El éxodo define a Dios como libertador y a Israel como el pueblo que debe preservar fielmente el recuerdo de su liberación. No debe, por consiguiente, existir opresión alguna en el pueblo que Dios ha liberado de la esclavitud. Ese es el objetivo de la celebración anual de la pascua (Deuteronomio 26:1-11), como ceremonia litúrgica que conmemora la liberación de los esclavos hebreos de la opresión egipcia.[21] No se trata únicamente de rememorar el evento fundante y fundamental del éxodo, sino ante todo hacer de esa memoria la piedra de toque de una sociedad donde imperen la equidad, la justicia y la solidaridad. En estos tiempos nuestros, tan repletos de xenofobia y repudio a inmigrantes, es imperativo recordar que la experiencia de la servidumbre en Egipto se convirtió en mandato divino, múltiples veces reiterado y múltiples veces violado, de que en Israel los extranjeros se acogiesen con generosidad hospitalidad y solidaridad (Levítico 19:33s, Éxodo 23:9, Deuteronomio 10:17ss, Deuteronomio 24:14,17-18).

El tono anti-imperial que asume la voz profética en estos textos sagrados surge de un pueblo pequeño, cuya historia discurre siempre a la sombra y al margen de diversos poderes imperiales que continuamente lo subyugan. Egipto, Asiria, Babilonia, Persia, Macedonia, Roma constituyen el horizonte de dominio imperial que

---

[20] Tirsa Ventura, *Cuerpos peregrinos: Un estudio de la opresión y la resistencia desde el género, clase y etnia. Salmos 120 al 134* (San José, Costa Rica: Departamento Ecuménico de Investigaciones, 2008).

[21] Jorge V. Pixley, *Éxodo, una lectura evangélica y popular* (México, D. F.: Casa Unida de Publicaciones, 1983).

desgarra la vida colectiva de las comunidades bíblicas,[22] pero que, paradójicamente, configura también la fuente de sus ansias y reclamos de liberación.[23] Por algo en los últimos años ha proliferado una rica corriente hermenéutica en diálogo crítico con los estudios y teorías poscoloniales.[24] Culminación del tono anti-imperial de las sagradas escrituras cristianas es la Roma disfrazada de opresora Babilonia en el postrer libro del canon bíblico.[25]

Uno de los rasgos principales de la voz profética es la crítica a las dos posibles evasiones religiosas de la responsabilidad ética: la farisaica de la idolatría de la letra sagrada y la sacerdotal de las normas litúrgicas. Se mantiene, a través de toda la Biblia, una tensión perpetua entre texto canónico, templo/culto y palabra/profecía. Es la solidaridad con los desvalidos y excluidos el rasgo que predomina y articula la memoria y las esperanzas del pueblo de Dios, no la rígida adhesión a los preceptos litúrgicos o jurídicos. Las continuas condenas de la idolatría proclamadas por varios profetas parecen dirigirse en ocasiones más

---

[22] Richard A. Horsley, ed., *In the Shadow of Empire: Reclaiming the Bible as a History of Faithful Resistance* (Louisville, KY: Westminster John Knox Press, 2008).

[23] Norman K. Gottwald, ed., *The Bible and Liberation: Political and Social Hermeneutics* (Maryknoll, NY: Orbis Books, 1983).

[24] Stephen D. Moore and Fernando Segovia, *Postcolonial Biblical Criticism: Interdisciplinary Intersections* (London/New York: T & T Clark, 2005); R. S. Sugirtharajah, ed., *The Postcolonial Bible* (Sheffield, England: Sheffield Academic Press, 1998); R. S. Sugirtharajah, *Postcolonial Criticism and Biblical Interpretation* (Oxford: Oxford University Press, 2002); R. S. Sugirtharajah, ed., *The Postcolonial Biblical Reader* (Malden, MA and Oxford: Blackwell, 2006); Musa W. Dube, *Postcolonial Feminist Interpretation of the Bible* (St. Louis, MO: Chalice Press, 2000), Richard A. Horsley, *Jesus and Empire: the Kingdom of God and the New World Disorder* (Minneapolis: Fortress Press, 2003); Richard A. Horsley, *Paul and Empire: Religion and Power in Roman Imperial Society* (Harrisburg, PA: Trinity Press International, 1997), Richard A. Horsley, *Paul and the Roman Imperial Order* (Harrisburg, PA: Trinity Press International, 2004).

[25] João B. Libânio e Maria Clara L. Bingemer, *Escatologia Cristã: O Novo Céu e a Nova Terra* (Petrópolis, Brasil: Vozes, 1985); Pablo Richard, *Apocalipsis: reconstrucción de la esperanza* (San José: DEI, 1994) and Brian K. Blount, *Can I Get a Witness?: Reading Revelation Through African American Culture* (Louisville, KY: Westminster John Knox Press, 2005).

directamente contra la idolatrización del culto y la ley, desprovistos de toda solidaridad con los menesterosos que contra la adoración de dioses foráneos (Isaías 1:10-17; Jeremías 7:1-15; Amós 5:18-24).[26]

Hay en la voz profética un vínculo íntimo inquebrantable entre la búsqueda y preservación de la justicia y la visión escatológica de la paz (Miqueas 2:1-5; 3:1-4; 4:1-4; Isaías 1:10-23; 2:2-4; 10:1-2; 58:6-7; 61:1; 65:17-25; Ezequiel 45:8; Apocalipsis 21:1-4). La lectura cuidadosa y crítica de la biblia hebrea evoca continuamente la imaginación profética de un mundo inédito, oculto tras los velos de la injusticia: un mundo donde la rectitud social y el respeto a la plena humanidad de todos los hijos e hijas de Dios logre primacía histórica.[27] La utopía suprema de la humanidad, perpetuamente añorada pero históricamente irrealizada e irrealizable: un mundo libre de opresiones, violencias y guerras. Un mundo inédito pero siempre anhelado, en el que los pueblos puedan edificar sus casas y habitarlas en paz, sembrar su trigo y comer su pan serenamente, plantar sus viñas y deleitarse del vino del que tanto disfrutaba el Jesús nazareno.[28]

La vida de Jesús, como bien ilustra el inicio de su ministerio (Lc. 4:16-19), algunas de sus inquietantes parábolas, como la del buen samaritano (Lucas 10:25-37), sus bienventuranzas al estilo de Lucas ("Bienaventurados vosotros los pobres, porque vuestro es el reino de Dios... Pero ¡ay de vosotros, ricos!, porque ya tenéis vuestro consuelo...", Lucas 6:20-24) y su visión del juicio de las naciones (Mateo 25:31-46), no puede ser adecuadamente entendida si se deslinda de esa tradición profética. Ha sido Walter Brueggemann quien en su texto clásico sobre la "imaginación profética" insiste en la

---

[26] Orlando O. Espín, *Idol & Grace: On Traditioning and Subversive Grace* (Maryknoll, NY: Orbis, 2014).

[27] Walter Brueggemann, *The Prophetic Imagination* (Second Edition) (Minneapolis: Fortress Press, 2001).

[28] Luis N. Rivera Pagán, "La utopía bíblica de la paz: anotaciones críticas a la hermenéutica latinoamericana," *Hacia una fe evangélica latinoamericanista: una perspectiva bautista*, editado por Jorge Pixley (San José, Costa Rica: Departamento Ecuménico de Investigaciones, 1988), 183-200; Luis N. Rivera Pagán, *Entre el terror y la esperanza: Apuntes sobre la religión, la guerra y la paz*, Conferencia Magistral 2003-2004 Cátedra UNESCO de Educación por la Paz, (Universidad de Puerto Rico, 2004), 29-56.

necesidad de estudiar al Jesús de los evangelios como culminación de la doble tradición profética, de crítica radical a los poderes establecidos y provocación de una esperanza inusitada.[29] Ha sido Jon Sobrino quien ha extraído de esa visión el principio clave de una hermenéutica liberadora desde la perspectiva de las víctimas.[30] Como bien afirmó el arzobispo mártir Óscar Arnulfo Romero en una de sus inolvidables homilías: "Resuena en la voz de Cristo el acento de todos los profetas del Viejo Testamento."[31]

"¿Para quién deberá ser la voz del poeta?", escribió en uno de sus angustiados poemas Roque Dalton. Y en otro de sus versos parece responder a su propia pregunta: "Arrodillémonos para llorar a los muertos recónditos / a los inadvertidos hagamos justicia..."[32] Podemos nosotros también preguntar, "¿Para quién debe ser la voz del profeta?" Y contestar: "Arrodillémonos para llorar a los mártires recónditos / y a los menesterosos hagamos justicia."

Es un desafío ineludible la permanencia de la voz profética, que se elimina cuando se entiende exclusivamente como predicción cristológica, en el demasiado popular esquema tipológico de "promesa – cumplimiento". Conservar el Antiguo Testamento, en nuestro canon, conlleva preservar la vocación profética del pueblo de Dios. Su silenciamiento o marginación conviene únicamente a quienes pretenden eternizar sus privilegios de dominio y mando. En este contexto permítanme recordar unas palabras atinadas y pertinentes del obispo católico puertorriqueño, monseñor Antulio Parrilla Bonilla,

> "A lo largo de todo el Antiguo Testamento [Dios] llamó profetas como Isaías, Amós... y otros para que denunciaran las injusticias sociales, la explotación... Los eclesiásticos que pretenden evadir la grave responsabilidad de comprometerse con la dura labor de librar a Puerto Rico de todas sus

---

[29] *The Prophetic Imagination*, 81-113.

[30] Jon Sobrino, *La fe en Jesucristo: Ensayo desde la víctimas* (Madrid: Editorial Trotta, 1999), 59-85.

[31] "Homilía de 17 de febrero de 1980," en *Día a día con monseñor Romero: Meditaciones para todo el año* (Madrid: PPC Editorial, 2005), 353.

[32] Roque Dalton, *Poemas* (San Salvador: Editorial Universitaria de El Salvador, 1968), 66, 46.

opresiones... están presentando al pueblo un Cristo falso. Jesús vino a salvar al... género humano, total e integralmente, en todas sus dimensiones... Por esto compete a los ministros del Señor el compromiso de liberación. Los próximos años de esta década verán más sacerdotes, más ministros y más monjas y laicos comprometidos en las cárceles, en las cámaras de tortura, en los tribunales, en el desprestigio..., pero ¡ay de la Iglesia de Cristo si no da testimonio en la ingente tarea de la liberación del mundo en todas sus formas!"[33]

Retos y desafíos actuales

Son diversos y complejos los retos éticos y teológicos que confrontan las comunidades cristianas, latinoamericanas y caribeñas en su irrenunciable vocación de ser voz profética en sus contextos históricos específicos.[34] Quizá sea correcto afirmar que nos encontramos en tiempos en que impera la "desprivatización" de la religión,[35] tiempos de reinserción crítica de las instituciones religiosas en los debates públicos sobre las normas políticas, legales y éticas que deben regir la convivencia humana.

Hay instancias recientes importantes que sirven de ejemplo y, en ocasiones, de paradigma: las declaraciones de los obispos católicos norteamericanos sobre las armas nucleares; las intervenciones de las comunidades de base y de la jerarquía católica brasileña, durante la dictadura militar, a favor del respeto a los derechos humanos; el papel

---

[33] Antulio Parrilla Bonilla, "Reflexión en torno a la vocación de la liberación" en su libro *Puerto Rico, supervivencia y liberación* (Río Piedras, Puerto Rico: Ediciones Librería Internacional, 1971), 141-143. El mejor estudio que conozco del pensamiento teológico y el ministerio profético del obispo Parrilla Bonilla es la monografía de Miguel Santiago Santana, *La Doctrina Social de la Iglesia en la vida, pensamiento y obra del obispo Antulio Parrilla Bonilla, S. J. (1919-1994)* (Disertación doctoral, Centro de Estudios Avanzados de Puerto Rico y el Caribe, 2012).

[34] Luis N. Rivera Pagán, *Ensayos teológicos desde el Caribe* (San Juan, Puerto Rico: Ediciones Callejón, 2013).

[35] José Casanova, *Public Religions in the Modern World* (Chicago and London: The University of Chicago Press, 1994) [*Religiones públicas en el mundo moderno* (Madrid: PPC, 2000)]; Cynthia Briggs Kittredge, Ellen Bradshaw Aitken & Jonathan A. Draper, *The Bible in the Public Square: Reading the Signs of the Times* (Minneapolis: Fortress Press, 2008)

de la iglesia católica como acompañante de Solidaridad en la crisis polaca de los ochenta y sus intentos posteriores de hegemonizar la conciencia nacional; las declaraciones de varias iglesias sobre el empobrecimiento de muchas comunidades marginadas por la globalización neoliberal, destacándose en este renglón la reciente exhortación apostólica del papa Francisco, *La alegría del evangelio* (*Evangelii gaudium*, 2013); el documento *Kairós* (1985) de las comunidades cristianas opuestas al Apartheid en África del Sur; las afirmaciones públicas de ciertas iglesias sobre la legalización de los derechos reproductivos femeninos o las estructuras familiares alternas, entre muchas otras.

Las iglesias y agrupaciones religiosas son instituciones sociales importantes y, por consiguiente, tienen pleno derecho a participar en los debates públicos sobre las normas políticas, legales y éticas que deben regir la convivencia humana. Sin embargo, hay potenciales riesgos en esa participación cuando se enarbola como bandera de batalla la alegada voluntad divina, manifestada en las escrituras bíblicas, consideradas sagradas e infalibles, de validez universal y perenne.

El primer riesgo tiene que ver con la naturaleza dialógica, plural y consensual de las sociedades democráticas modernas. Ello requiere el intercambio, en ocasiones intensamente conflictivo, entre perspectivas y visiones políticas, éticas e ideológicas muy distintas. Ese diálogo/debate, propio de toda democracia madura, puede vulnerarse si una de las partes reclama representar incuestionablemente la inviolable voluntad divina y exige la sumisión de toda la ciudadanía a su particular perspectiva dogmática y ética. Tal atribución unilateral de sacralidad compulsoria en la legislación amenaza seriamente el clima de diálogo respetuoso que debe prevalecer en una sociedad democrática y plural.

El segundo riesgo tiene que ver con la pretensión de ciertas jerarquías eclesiásticas y algunos guardianes de la ortodoxia dogmática de silenciar las voces proféticas o disidentes al interior de las comunidades cristianas, como tantas veces ha acontecido en tiempos no muy lejanos, desde Alfred Loisy y Teilhard de Chardin hasta Hans Küng, Leonardo Boff, Jacques Dupuis, Roger Haight, Tissa Balasuriya, Anthony de Mello y, más recientemente, Ivone Gebara, Jon Sobrino, José Antonio Pagola, José María Vigil, Andrés Torres Queiruga y Michael Amaladoss. No se trata únicamente de que la sociedad moderna secular es irreversiblemente plural; las agrupaciones religiosas también lo son. Somos comunidades de diálogo, debate, cuestionamiento y crítica.[36] Nadie tiene el derecho de arrogarse el monopolio de la representación exclusiva del pensamiento teológico. Por gracia divina, una rica y diversa polifonía impera en las comunidades cristianas, superando obstinadamente todo intento de imponer la uniformidad dogmática.

El tercer riesgo potencial que conlleva la actitud intolerante que a veces impera en algunos portavoces eclesiales es el grave perjuicio que causa a la dignidad de muchos seres humanos. Cuando se citaban ciertos versículos bíblicos para legitimar la esclavitud, se condenaba a innumerables seres humanos a una opresión trágica y deplorable. Cuando otros pasajes escriturarios se han esgrimido para inhibir los derechos civiles o políticos femeninos, se lacera gravemente la dignidad de las mujeres. Al impedirse el reconocimiento pleno de los derechos civiles de personas de diversas orientaciones sexuales se les causa a éstas profundo sufrimiento y se menoscaba su dignidad humana.

El cuarto riesgo es estrictamente teológico. Al invocar a Dios para combatir la abolición de la esclavitud, la igualdad ontológica y social de la mujer, o la validez moral y jurídica de variadas orientaciones sexuales, se atribuye a la divinidad la responsabilidad fundamental de las represiones sociales. Se le adjudica a Dios ser la fuente trascendental de nuestros discrímenes. Se le condena al triste papel de Gran Inquisidor. Se le transforma de generoso espíritu creador, sostenedor y redentor, en príncipe de tinieblas que pretende mantener a los seres humanos bajo despótico y represivo dominio. Lo irónico es que esta grave injuria a Dios la cometen quienes se proclaman a sí mismos como sus más fieles y devotos creyentes.

Voz profética y teologías de liberación

A principios de esta década visitó Puerto Rico una de las figuras cimeras de la teología latinoamericana, Gustavo Gutiérrez. En una

---

[36] Ese carácter dialógico y de continuo debate crítico que caracteriza muchas de las comunidades cristianas actuales es lo que no parece percibir el fundamentalismo anti-religioso que impera en el libro *La religión como problema en Puerto Rico*, por Nelson Varas Díaz y otros autores (San Juan, Puerto Rico: Terranova Editores, 2011).

extensa e intensa conversación que sostuvo con dos teólogos católicos – los frailes Ángel Darío Carrero y Mario Rodríguez León – y dos intelectuales protestantes – Samuel Silva Gotay y este servidor - surgió una pregunta que viene rondando desde hace varios años: ¿Ha muerto la teología de la liberación? ¿Ha perecido a causa de las represiones eclesiásticas, la crisis del "socialismo realmente existente" (como entonces se le tildaba) y la aparente victoria del neoliberalismo financiero y globalizante?[37]

Tras el revuelo suscitado por recientes declaraciones del papa Francisco, sobre todo sus contundentes críticas a lo que ha catalogado de "economía de la exclusión y la inequidad", "idolatría del dinero", "economía sin un rostro… humano", en la que "grandes masas de la población se ven excluidas y marginadas: sin trabajo, sin horizontes, sin salida…" y su reformulación de la fe cristiana, que ha escandalizado a poderosos y esperanzado a muchos desposeídos - "De nuestra fe en Cristo hecho pobre, y siempre cercano a los pobres y excluidos, brota la preocupación por el desarrollo integral de los más abandonados de la sociedad"[38] – la pregunta resuena nuevamente con cierta urgencia: ¿ha muerto realmente la teología de la liberación?

Me parecen erradas las predicciones prematuras y generalmente interesadas de su disolución. Más bien, lo que acontece es una diversificación de temas y perspectivas que no abdican la hermenéutica teológica liberacionista. Ciertamente, la intuición clave de "opción por los pobres" se ha fragmentado, al calor de la valoración de las identidades y subjetividades particulares (género, raza, etnia, nacionalidad, cultura, orientación sexual), pero el resultado ha sido el fortalecimiento crítico de la perspectiva liberacionista, no su eliminación. Además, las fuentes matrices originales de la teología de

---

[37] Útil en este contexto es el abarcador libro de Juan José Tamayo Acosta, *La teología de la liberación en el nuevo escenario político y religioso* (Valencia: Tirant lo Blanch, 2009).

[38] Papa Francisco, *Evangelii Gaudium* (Vaticano, 24 de noviembre 2013), par. 186.

liberación transcurren actualmente por un proceso de reforzamiento por las siguientes razones:[39]

Primero, la persistencia tenaz de la pobreza y las asimetrías socioeconómicas, incrementadas por la globalización neoliberal y la hegemonía planetaria del sistema capitalista de mercado que pretende transmutar, a manera de un avaro rey Midas, todo lo que toca en lucro. Sus más devotos feligreses han augurado el fin de la historia,[40] frase enigmática cuya oculta semántica preconiza la permanencia de un sistema económico que valora el cálculo de ganancias sobre la promoción humana equitativa y que para garantizar su dominio no vacila en emplear distintas modalidades de violencia imperial.[41] Vivimos en un período histórico donde las desigualdades sociales se incrementan gracias al poder con pretensiones omnímodas del capitalismo financiero, hegemónico en nuestra era posmoderna.[42] Es una nueva configuración de potestad global que requiere de nosotros, por consiguiente, novedosas reflexiones teóricas críticas.[43]

Segundo, la rebeldía de los excluidos y empobrecidos, que reclaman un orden social alterno y forjan nuevas instancias de resistencia. Ciertamente, son variados los postulados de reivindicación de los diversos movimientos sociales. Hay quienes repudian la miseria a la que intenta destinárseles, otros reclaman el reconocimiento de la plena dignidad de su raza, sexo, identidad cultural, nacionalidad u orientación sexual. Bien ha escrito Boaventura de Sousa Santos: "Son

---

[39] Luis N. Rivera–Pagán, "God the Liberator: Theology, History, and Politics," *In Our Own Voices: Latino/a Renditions of Theology*, edited by Benjamin Valentin (Maryknoll, NY: Orbis Books, 2010), 1-20.

[40] Francis Fukuyama, *The End of History and the Last Man* (New York: Free Press, 1992).

[41] Naomi Klein, *Shock Doctrine: The Rise of Disaster Capitalism* (New York: Metropolitan Books/Henry Holt, 2007).

[42] Véase la obra que recientemente ha conmovido los debates y diálogos sobre el capitalismo y las desigualdades sociales, Thomas Piketty, *Capital in the Twenty-First Century* (Cambridge, MA: Harvard University Press, 2014).

[43] Sugestiva y valiosa es la colaboración teórica y teológica de Néstor Míguez, Joerg Rieger & Jung Mo Sung, *Beyond the Spirit of Empire* (London: SCM Press, 2009).

múltiples las caras de la dominación y de la opresión... Siendo múltiples las caras de la dominación, son múltiples las resistencias y los agentes que las protagonizan..."[44] Esas distintas trincheras confieren complejidad teórica y práctica, pero también amplían las fronteras de los imaginarios utópicos que incentivan la resistencia social.[45] Desde el sofisticado vínculo que Cornel West teje entre su lectura de Marx, el pragmatismo filosófico norteamericano y las tradiciones culturales de las iglesias afroamericanas[46] hasta la convergencia que concibe nuestro querido Jorge Pixley de los estudios históricos de la Biblia, las teologías latinoamericanas críticas y la filosofía anglonorteamericana del proceso, inspirada por los escritos de Alfred North Whitehead y Charles Hartshorne, las teologías de la liberación se niegan a acatar las condenas y anatemas que tantas jerarquías eclesiales le han proferido, en estrecha consonancia con poderes muy profanos y seculares.[47] Sin olvidar los desafíos liberacionistas *obscenos* y *pervertidos*, sus términos, de la argentina Marcella Althaus-Reid y su perturbador texto - *Teología indecente: Perversiones teológicas en sexo, género y política*.[48] Todo este caleidoscopio teológico suscita una transformación radical de la manera de ser iglesia en la historia. No se trata sólo de preconizar la "opción por los pobres", sino de reconfigurar el pensamiento y la praxis eclesial desde la perspectiva de y la solidaridad con los diversos rostros de los excluidos y marginados.[49]

---

[44] Boaventura de Sousa Santos, *Crítica de la razón indolente: contra el desperdicio de la experiencia, Vol. I. Para un nuevo sentido común: la ciencia, el derecho y la política en la transición paradigmática* (Bilbao, España: Desclée de Brouwer, 2003), 28.

[45] Michael Hardt and Antonio Negri, *Multitude: War and Democracy in the Age of Empire* (New York: The Penguin Press, 2004); Ernesto Laclau & Chantal Mouffe, *Hegemony and Socialist Strategy: Towards a Radical Democratic Politics* (London & New York: Verso, 2001).

[46] Cornel West, *Prophesy Deliverance! An Afro-American Revolutionary Christianity* (Philadelphia: Westminster Press, 1982).

[47] Véase su libro *Biblia, teología de la liberación y filosofía procesual: el Dios liberador en la Biblia* (Quito, Ecuador: Editorial Abya Yala, 2009).

[48] Barcelona: Ediciones Bellaterra, 2005.

[49] Un ejemplo personal significativo y ejemplar: dos veces en el año 2011 participé en simposios teológicos académicos en Belén de Palestina, la

Tercero, la recuperación, por parte de muchos cristianos, de la desafiante tesitura profética de las tradiciones bíblicas.⁵⁰ Por más que se intente domesticar la fe cristiana, es imposible silenciar las memorias subversivas que anidan en sus textos y tradiciones más íntimas. El evangelio, como ha escrito el teólogo español José María Castillo, es "el recuerdo peligroso de la libertad que cuestiona todas nuestras opresiones, nuestros miedos, nuestros desalientos, nuestras cobardías y también nuestras seguridades. Por eso el Evangelio es memoria subversiva, que nos descubre horizontes insospechados de libertad y autenticidad. Sólo así podremos recuperar el significado y la práctica de la Religión de Jesús."⁵¹ Las teologías de liberación, de orígenes muy diversos y múltiples talantes resignifican y recontextualizan esas memorias rebeldes.⁵² Es ahí donde se encuentra su peculiar ruptura epistémica. Y con miras a una transformación radical de la convivencia humana. En palabras del arzobispo mártir Romero, "La palabra que a muchos les molesta, la liberación, es una realidad de la redención de Cristo... Liberación quiere decir que no exista en el mundo la explotación del hombre por el hombre. Liberación quiere decir redención que quiere libertar al hombre de tantas esclavitudes."⁵³ A

---

ciudad natal de Jesús, en los que analizamos textos como *Toward a Jewish Theology of Liberation* de Marc Ellis (Waco, TX: Baylor University Press, 2004), *Justice and Only Justice: A Palestinian Theology of Liberation* de Naim Ateek (Maryknoll, NY: Orbis Books, 1989) e *Islamic Liberation Theology*, de Hamid Dabashi (London and New York: Routledge, 2008).

⁵⁰ Al respecto son útiles las ponencias que sobre las teologías de liberación se presentaron en el contexto del Foro Mundial sobre Teología y Liberación, que tuvo lugar a principios de 2005 en Porto Alegre, Brasil. Se recogen en *Another Possible World*, editado por Marcella Althaus-Reid, Ivan Petrella y Luiz Carlos Susin (London: SCM Press, 2007).

⁵¹ Citado por Matilde Gastalver Matín en "Lo que no puedo callar de la visita del Papa", http://www.feadulta.com/IGLESIA_loque-no-puedo-callar.htm.

⁵² Sobre las potencialidades rebeldes de las memorias reprimidas pero no aniquiladas, son valiosos los textos de Reyes Mate, *La herencia del olvido. Ensayos en torno a la razón compasiva* (Madrid: Errata Naturae, 2008) y María Teresa de la Garza, *Política de la memoria: una mirada sobre Occidente desde el margen* (Ciudad de México: Universidad Iberoamericana, 2002).

⁵³ "Homilía de 25 de noviembre de 1997", en *Día a día con monseñor Romero*, 72.

pesar del optimismo imperial de controlar el imaginario posible de los pueblos, se vislumbran, incluso en círculos pentecostales, por tanto tiempo ajenos a los disturbios sociales y políticos, señales de una reconfiguración liberadora y profética de la teología.[54]

Por último, retumba vigorosa la acuciante conciencia de que Dios aún importa. En el interior de los conflictos sociales, políticos y económicos que trastornan nuestras vidas, se encrespa vigorosa la "batalla por Dios", como tan aptamente la cataloga Karen Armstrong.[55] Dios, en este contexto, es repensado no como trascendencia impasible e inmutable, sino, a la manera bíblica, como Quien escucha con esmero y compasión el clamor de los oprimidos y excluidos.[56] Cuando las miserias sociales que afligen la vida comunitaria se hacen intolerables, la memoria del Dios liberador irrumpe dramáticamente. Como categóricamente afirma el documento sudafricano *Kairós*: "A través de toda la Biblia Dios aparece como el libertador de los oprimidos."[57] Más allá de las disputas interminables entre el secularismo recalcitrante y el fundamentalismo religioso, el

---

[54] Carmelo Álvarez, *Pentecostalismo y liberación* (San José, Costa Rica: DEI, 1992); Richard Shaull & Waldo Cesar, *Pentecostalismo e futuro das igrejas cristãs: Promesas e desafios* (Petrópolis, Brasil: Editora Vozes, 1999); Douglas Petersen, *Not by Might nor by Power: A Pentecostal Theology of Social Concern in Latin America* (Oxford: Regnum Books, 1996); Eldin Villafañe, *The Liberating Spirit: Toward an Hispanic American Social Ethic* (Grand Rapids, MI: Eerdmans, 1993); Sammy Alfaro, *Divino Compañero: Toward a Hispanic Pentecostal Christology* (Eugene, Oregon: Pickwick Publications, 2010); Luis N. Rivera-Pagán, "Pentecostal Transformation in Latin America," *A People's History of Christianity, Vol. 7: Twentieth-Century Global Christianity*, edited by Mary Farrell Bednarowski (Minneapolis, MN: Fortress Press, 2008, 190-210, 413-416); Agustina Luvis, "Approaching Caribbean Theology from a Pentecostal Perspective," in *The Many Faces of Global Pentecostalism*, edited by Harold D. Hunter and Neil Ormerod (Cleveland, Tennessee: CPT Press, 2013), 126-138.

[55] Karen Armstrong, *The Battle for God* (New York: Knopf, 2000).

[56] Mayra Rivera, *The Touch of Transcendence: A Postcolonial Theology of God* (Louisville, KY: Westminster John Knox Press, 2007).

[57] Versión electrónica: http://people.bethel.edu/~letnie AfricanChristianity SAKairos.html.

texto paradigmático de emancipación social vuelve a resonar vigorosamente:

> "Los egipcios nos maltrataron, nos oprimieron y nos impusieron una dura servidumbre. Entonces pedimos auxilio al Señor, el Dios de nuestros padres, y él escuchó nuestra voz. Él vio nuestra miseria, nuestro cansancio y nuestra opresión, y nos hizo salir de Egipto con el poder de su mano y la fuerza de su brazo…" (Deuteronomio 26:6-9).

Esa esperanza de que Dios presta privilegiada atención al clamor de los oprimidos y marginados, la cual resuena a través de todas las escrituras sagradas judeocristianas, es la que también alentó el ánimo de Óscar Arnulfo Romero para transitar por el camino a su particular Gólgota. Pocas semanas antes de ser asesinado afirmó, en una de sus homilías: "El grito de liberación de nuestro pueblo es un clamor que sube hasta Dios y que ya nada ni nadie lo puede detener."[58]

En este ensayo, titulado "La voz profética: Justicia, paz y reconciliación", ciertamente he recalcado más los desafíos que las esperanzas. Quizá porque los desafíos son más concretos y tangibles que las utópicas y escatológicas esperanzas. Los primeros labran cicatrices hondas e indelebles en nuestros cuerpos y almas; las segundas, sin embargo, son las que nutren nuestra más íntima vocación: concebir y evocar un mundo aún inédito, donde la gracia divina sea la matriz trascendental de la solidaridad y la reconciliación entre los seres humanos. Permítanme, por consiguiente, finalizar rememorando unos versos del espléndido poemario *Cantos de vida y esperanza*, del poeta nicaragüense Rubén Darío,

> "He lanzado mi grito, Cisnes, entre vosotros,
> que habéis sido fieles en la desilusión...
> ¡Oh tierras de sol y de armonía,
> aún guarda la Esperanza la caja de Pandora."[59]

---

[58] "Homilía de 27 de enero de 1980", en *Día a día con monseñor Romero*, 344.

[59] Rubén Darío, *Cantos de vida y esperanza* (Madrid: Espasa-Calpe, 1976), 68-69.

ENTRE EL TERROR Y LA ESPERANZA: APUNTES SOBRE LA RELIGIÓN, LA GUERRA Y LA PAZ

"No te ofrezco la paz, hermano hombre,
porque la paz no es una medalla:
la paz es una tierra esclavizada
y tenemos que ir a libertarla...
Que los templos se doblen desangrados
Con arrojarnos al amor nos basta."

Jorge Debravo

El siglo guerrero

En ocasión de celebrarse el primer centenario del premio Nobel de la Paz, en diciembre de 2001, en Oslo, Noruega, el historiador británico Eric Hobsbawm dictó una conferencia bajo el título "Guerra y paz en el siglo veinte".[1] A partir de sus observaciones, podemos llegar a las siguientes conclusiones:

1. Las guerras del siglo veinte han sido las más mortíferas en la historia de la humanidad. Causaron, directa o indirectamente, aproximadamente 187 millones de muertes. Proliferaron las guerras de todo tipo y los impresionantes adelantos en la tecnología militar multiplicaron geométricamente sus consecuencias fatales.

---

[1] Eric Hobsbawm, "War and Peace in the 20th Century," *London Review of Books*, Vol. 24, No. 4, 21 February 2002, 16-18. Véase, además, su libro *Age of Extremes: The Short Twentieth Century, 1914-1991* (London: Michael Joseph, 1994).

2. Se erosionó, en el siglo veinte, la distinción, fundamental para las doctrinas clásicas de la guerra justa, entre combatientes y civiles. La guerra dejó de visualizarse como conflicto entre ejércitos y se convirtió en confrontación entre naciones. De Guernica a Hiroshima hay una fatal y trágica continuidad lógica, la cual prosigue en los bombardeos contra Bagdad y Belgrado. Si los cálculos de bajas civiles fueron de aproximadamente 5 por ciento en la primera guerra mundial, éstos se elevaron a 66 por ciento en la segunda. Hoy se estima que 80 a 90 por ciento de los afectados seriamente por ataques bélicos son civiles. La ciudad, eje de la vida social, pierde su inmunidad y se convierte en blanco privilegiado del bombardeo, laberinto del terror bélico, metáfora del infierno. Guernica, Dresden, Tokio, Hiroshima, Nagasaki son parábolas horrendas de un hades dantesco.

3. A pesar de intensos esfuerzos por establecer un sistema de estructuras internacionales capaz de resolver conflictos políticos mediante procesos multilaterales de negociación, al final del siglo veinte la guerra persistió como recurso privilegiado para proseguir, como diría Clausewitz, la política por otros medios. El tratado Kellogg-Briand proclamó, en 1928, el fin de las guerras. Pronto valdría menos que el papel en que se redactó. El sombrío dilema, al culminar el segundo milenio, era: un sistema multilateral de consensos, relativamente inadecuado, o el unilateralismo de una súper potencia, querellante, fiscal y juez de conflictos mundiales. Se ha utilizado la tragedia del 11 de septiembre de 2001 como catapulta para proclamar, como doctrina de seguridad nacional, la guerra preventiva del fuerte contra el débil. No le costó mucho esfuerzo al actual gobierno estadounidense desmantelar las frágiles estructuras internacionales de conciliación y asumir el rol tejano de sheriff autodesignado de gruesos asuntos que competen a toda la humanidad. Es una postura que en ocasiones, como en la invasión de Irak, hace caso omiso del derecho internacional.

Hobsbawm no destaca, sin embargo, tres elementos del siglo que recién finaliza cruciales para entender su obsesión bélica: la concentración de las guerras en las áreas más afligidas socialmente de la humanidad, la insensibilidad ante el dolor del "otro" y la pasión ideológica.

1. Hubo, en el siglo veinte, una sucesión trágica de guerras menores, en ocasiones catalogadas de "baja intensidad", pero de

enorme costo humano y social para los pueblos involucrados. La llamada "guerra fría" se acompañó de innumerables conflictos bélicos que ensombrecieron buena parte del planeta. Corea, Vietnam, Camboya, Laos, Angola, Mozambique, Israel, Palestina, Jordania, El Líbano, Nicaragua, El Salvador, Guatemala, Colombia, Ruanda, Sierra Leona, Argelia, Liberia, Etiopía, Eritrea, Irak, Irán, Afganistán, India-Pakistán-Bangladesh, entre otros países, fueron escenarios de confrontaciones armadas que causaron graves daños a su población. El escalofriante escudo nuclear parecía preservar la paz únicamente para las naciones euroatlánticas incorporadas a los dos grandes pactos político-militares que a la sazón se repartían el dominio mundial. El resto de la humanidad, aquella que ya sufría el flagelo de la miseria social y económica, quedó libre para incontables guerras, incitadas por causas endógenas y exógenas, y alimentadas por una feroz competencia en la venta de armamentos. Tras el descalabro del bloque soviético y el pacto de Varsovia, la paz no prevaleció. Los empeños guerreros asumieron otros perfiles: las exclusiones nacionales, étnicas, culturales y religiosas. En Ruanda, Croacia, Bosnia, Kosovo, Armenia, Azerbaiyán, Georgia y Palestina las diferencias étnicas y culturales resucitaron rencores ancestrales. Los odios no amainaron, sólo mutaron sus matrices y disfraces.

2. Al examinar la imagen que del "enemigo" se configura para incitar a la muerte masiva, se descubre, soterrado bajo el discurso de intereses vitales y seguridad nacional, un hondo desprecio hacia el dolor y la aflicción de quienes se distinguen por su raza, color, lengua o cultura. Al menospreciar las marcas visibles de su ser, se facilita su subyugación o su exterminio. Sólo así puede explicarse la atroz crueldad que seres humanos comunes perpetran contra quienes reconocen no como prójimos, sino como enemigos, por la diferencia en la pigmentación de su piel, sus formas de rezar, su idioma, su memoria nacional o sus tradiciones. Serbios, croatas y bosnios, hutus y tutsis, georgianos y abjasianos, judíos y palestinos, ladinos y mayas, irlandeses católicos y calvinistas, sudaneses cristianos e islámicos, turcos y curdos, rusos y chechenos, la lista es interminable, se sumergen en un abismo de hostilidad que parece capturar sus corazones y mentes y que sirve de pretexto para acciones de inmensa crueldad. El Shoah es quizá su expresión mayor, pero no

necesariamente la única, en la historia del siglo veinte o de la humanidad.[2]

3. La pasión ideológica, en ese trágico siglo, fue todo un carnaval de convicciones homicidas. En nombre de la pureza racial y la supremacía nacional, de la igualdad social y la abolición de las clases, del control del partido o del proletariado, de la liberación nacional o de la hegemonía global del libre mercado y el capital, de la democracia y los derechos humanos y, finalmente, en honor de los dioses celosos y airados, pueblos y naciones se lanzaron con fervor y pasión a la tétrica empresa de matarse entre sí. El siglo de grandes adelantos científicos y técnicos fue también época de intensas pasiones homicidas. Sólo dos siglos después que la Ilustración europea proclamase el triunfo de la racionalidad ecuánime y serena y que Immanuel Kant pronosticase la paz cosmopolita y la conversión de la religiosidad en ética solidaria,[3] pasiones de sangre y suelo, dioses y cultos ensangrentaron la faz de la humanidad.

Ese sangriento siglo veinte, marcado por la memoria de Auschwitz, Hiroshima, el Gulag, dos guerras globales y centenares de conflictos regionales puede resumirse, al fin de cuentas, en el famoso poema de W. B. Yeats, tan preñado de resonancias religiosas y apocalípticas, "The Second Coming":

"Things fall apart; the centre cannot hold;
Mere anarchy is loosed upon the world,
The blood-dimmed tide is loosed, and everywhere
The ceremony of innocence is drowned;
The best lack all convictions, while the worst
Are full of passionate intensity."[4]

---

[2] Contrario a lo que opinó Primo Levi, quien insistió en la excepcionalidad del holocausto judío. *If This Is a Man* (London: Folio Society, 2000), 224.

[3] Immanuel Kant, *La paz perpetua* (Madrid: Espasa-Calpe, 1946, orig. 1795) y *La religión dentro de los límites de la mera razón* (Madrid: Alianza Editorial, 1991, orig. 1793).

[4] William Butler Yeats, "The Second Coming" (1919/1920), in *The New Oxford Book of English Verse, 1250-1950*, chosen and edited by Helen Gardner (Oxford: Oxford University Press, 1972), 820.

El terror en la mente de Dios

Lo curioso es que en ese siglo veinte se hizo innumerables veces la guerra con la pretensión de terminar con la guerra. Las declaraciones y acciones de guerra se acompañaban, indefectiblemente, con devotas proclamas de concordia universal. Desde la guerra rusojaponesa de 1904 hasta la invasión reciente a Irak, la masacre humana ha invocado sacrílegamente los ideales de la paz. Es la sisífica paradoja: hacer la guerra en aras de la paz.

Cada adelanto científico y tecnológico militar se justificó de esa manera, como un nuevo sacramento de la paz mundial, hasta culminar en el espeluznante sistema de destrucción nuclear de la civilización humana, erigido paradójicamente para protegerla. La amenaza de destrucción universal, se dijo, sería la garantía de la seguridad global. Una bipolaridad estratégica espantosa que, curiosamente, parodiaba el mito religioso según el cual el horror al infierno conduce al umbral del cielo. Potencial guerra absoluta como rito bautismal de la paz universal.[5]

Parecía inicialmente el siglo de la guerra secular, en el cual la pasión ideológica proclamaría la aurora de los dioses profanos: la supremacía de la nación, la sociedad igualitaria, la apocalíptica lucha de clases, la liberación nacional, la globalización del mercado, el reino del sufragio universal y secreto. Era la devoción profana a los altares irreverentes y heterodoxos de la secularización. Las tribulaciones religiosas parecían restringirse a los rincones íntimos del alma devota o a la quietud de los templos.

Sin embargo, los celosos e implacables dioses de antaño preparaban su retorno en espectaculares teomaquías. A fines de siglo, piadosos adoradores de Yahvé, Jesucristo y Alá proclamaron la cólera divina mediante la declaración de guerras santas, que desdicen las sosegadas normas intersubjetivas de la Ilustración y la modernidad. Se revivió el volcán de las pasiones religiosas, con nuevas generaciones de

---

[5] Luis N Rivera Pagán, *A la sombra del armagedón: reflexiones críticas sobre el desafío nuclear* (Río Piedras, Puerto Rico: Editorial Edil, 1988) y "La religión nuclear: Hacia una teología de la paz", *Cuadernos de teología* (Buenos Aires), Vol. IX, No. 1, 1988, 27-52.

fundamentalismos.⁶ Quienes creían que con la Paz de Westfalia (1648) nos habíamos librado de las guerras religiosas se muestran perplejos ante el retoñar de la belicosidad sagrada.

Muchos teóricos del secularismo y la modernidad se sorprenden por el resurgir de la pasión religiosa beligerante, el "desquite de Dios" como lo ha descrito un islamista francés.⁷ Quienes estudiaban el auge, a mediados del siglo pasado, del nacionalismo árabe secular y socializante, quedan perplejos por el fuerte desafío que el integrismo islámico le presenta en la batalla por los espíritus. La yihad retoma sus matices más sombríos y avasalladores.⁸ Algo similar acontece en el sionismo. Muchos abandonan su herencia socialista, democrática y plural y se adhieren a posturas dogmáticas sobre la promesa divina, inscrita en la Tanakh, de un Israel ampliado. En el subcontinente indio, se revive la violencia entre hindúes y musulmanes, conmoviendo el paradigma nacionalista de Gandhi y Nehru de una sociedad tolerante

---

⁶ Aunque el fundamentalismo surgió a principios del siglo veinte entre protestantes conservadores estadounidenses que repudiaban la crítica bíblica y las tendencias teológicas modernistas y liberales, el concepto se ha ampliado para designar sectores ultraconservadores, integristas y militantes en diversas tradiciones religiosas. La American Academy of Arts and Sciences, de los Estados Unidos, auspició la publicación, por la Universidad de Chicago, de cinco gruesos volúmenes dedicados al estudio de los diversos fundamentalismos, editados por Martin E. Marty y R. Scott Appleby, *Fundamentalisms Observed* (1991); *Fundamentalisms and Society: Reclaiming the Sciences, the Family, and Education* (1993); *Fundamentalisms and the State: Remaking Polities, Economies, and Militance* (1993); *Accounting for Fundamentalisms: The Dynamic Character of Movements* (1994) y *Fundamentalisms Comprehended* (1995).

⁷ Gilles Kepel, *La Revanche de Dieu: Chrétiens, juifs et musulmans à la reconquête du monde* (Paris: Seuil, 1991).

⁸ Sin embargo, contrario a lo que a veces se piensa en Occidente, las alternativas en el entorno musulmán no se limitan al nacionalismo autocrático o el islamismo integrista. Como expone Raymond William Baker, en su libro *Islam Without Fear: Egypt and the New Islamists* (Cambridge: Harvard University Press, 2003), hay importantes eruditos islámicos que propagan el diálogo y la convergencia entre su fe religiosa y las aperturas democráticas modernas. Gilles Kepel ha predicho el declinar del integrismo islámico y el resurgir de un islam más pluralista y dialógico en su libro *Jihad: The Trail of Political Islam* (Cambridge, MA: Harvard University Press, 2002).

y pluralista. En Sri Lanka, la guerra civil de dos décadas entre sinaleses y tamiles tiene como fondo ideológico no sólo sus diferencias étnicas y culturales, sino también el que los primeros son mayoritariamente budistas y los segundos hindúes.[9]

Aún el pacífico budismo puede convertirse en fuente de inspiración para el terror sagrado, como lo demostró el ataque con sustancias químicas al subterráneo de Tokio protagonizado por la secta japonesa Aum Shinrikyo, en 1995. En la fragmentada Yugoslavia, la fe de los ortodoxos serbios y macedonios, de los católicos croatas y de los musulmanes bosnios y albanos ha funcionado como criterio de exclusión y antagonismo.[10] El fundamentalismo estadounidense conjuga la idolatría de la letra sagrada, arcaicos milenarismos, la tradición nacional del "destino manifiesto" y la represión de la alteridad. A pesar de la opulencia económica y el poderío militar de su nación, la derecha fundamentalista norteamericana imagina con pavor diabólicos ejes de maldad cósmica. Es la paradoja de la violencia religiosa: la simultaneidad de la piedad y la crueldad, de la comunión entre los fieles y la hostilidad contra los infieles.[11] Como escribiese José Saramago en ocasión de los ataques del 11 de septiembre de 2001:

> "Siempre tendremos que morir de algo, pero ya se ha perdido la cuenta de los seres humanos muertos de las peores maneras que los humanos han sido capaces de inventar. Una de ellas, la más criminal, la más absurda, la que más ofende a la simple razón, es aquella que, desde el principio de los tiempos y de las civilizaciones, manda matar en nombre de Dios."[12]

---

[9] Vimal Tirimanna, "Sri Lanka: el estallido de la violencia y la responsabilidad de las religiones", *Concilium*, 272, septiembre de 1997, 649-658.

[10] Srdjan Urcan, "La religión y las iglesias en la guerra de la antigua Yugoslavia", *Concilium* 262, diciembre de 1995, 1019-1030 y Vjekoslav Perica, *Balkan Idols: Religion and Nationalism in Yugoslav States* (Oxford & New York: Oxford University Press, 2002).

[11] David G. Bromley and J. Gordon Melton, *Cults, Religion, and Violence* (Cambridge, UK: Cambridge University Press, 2002).

[12] José Saramago, "O fator Deus", *Folha de São Paulo*, 19 de setembro de 2001, E8.

En la época que algunos tildan de posmoderna, uno de cuyos pilares parecía ser la proclama nietzscheana de la "muerte de Dios", renace por todas latitudes la pasión religiosa. La religión importa,[13] y de tal manera que muchos adeptos están dispuestos a matar y a morir por su fe. Como ha escrito el español Juan José Tamayo Acosta:

> "El retorno de la religión se traduce con frecuencia en manifestaciones irracionales e intolerantes: dogmatismo e integrismo, fundamentalismo y fanatismo, rigorismo moral y disciplinar, discriminaciones de género, limpiezas étnico-religiosas, práctica del terrorismo en nombre de Dios, procesos inquisitoriales contra los creyentes heterodoxos..."[14]

Es asunto que ha sido estudiado por algunos autores. Mencionemos algunos de los más destacados.

1. José Casanova, en su texto *Public Religions in the Modern World*,[15] ha radiografiado con mucha pericia esta irrupción vigorosa de la mentalidad religiosa en el ámbito público. Lo cataloga como la "desprivatización" de la religión; el rechazo del reclamo secular a restringir el credo religioso a la interioridad de las almas y los templos. En nombre de Dios, las instituciones religiosas entran con vigor en la palestra pública y pugnan por configurar los perfiles de la moralidad y la legalidad. Se niegan a acatar el paradigma secular de la modernidad. Teologías radicales de liberación, integrismos reaccionarios o teologías públicas reformistas: a pesar de sus hondas diferencias, se hermanan en su pretensión común de protagonismo político y social.

Casanova se percata de los riesgos de esa incursión en el debate político, pero también percibe en ella la crítica profética a los esfuerzos por estructurar la sociedad priorizando criterios de cálculos de

---

[13] "Religion Matters", es el título del segundo capítulo del libro de Oliver McTernan, *Violence in God's Name: Religion in an Age of Conflict* (Maryknoll, NY: Orbis Books, 2003), 20-44.

[14] Juan José Tamayo Acosta, "Las religiones tras el 11 de septiembre", *Pasos* (Departamento Ecuménico de Investigaciones, San José, Costa Rica), núm. 99, 2002, 7.

[15] José Casanova, *Public Religions in the Modern World* (Chicago and London: The University of Chicago Press, 1994) [*Religiones públicas en el mundo moderno* (Madrid: PPC, 2000)].

beneficio económico establecidos por un mercado financiero que pretende excluir las consideraciones éticas de su horizonte conceptual. Restringe, sin embargo, su análisis a países con relativa estabilidad social. Además, su estudio se limita a iglesias y organizaciones cristianas, dejando fuera las versiones remozadas de las cruzadas contra los infieles. Quedan fuera de su mirada crítica los conflictos globales que provocan los "guerreros de Dios". Las dimensiones potencialmente siniestras de la resacralización de la vida pública permanecen al margen de su horizonte analítico.

2. Regina Schwartz publicó, en 1997, una aguda crítica, hermosamente escrita, a las dimensiones posesivas y excluyentes del monoteísmo de las tres grandes religiones originarias del cercano oriente: el cristianismo, el judaísmo y el islamismo. Su libro - *The Curse of Cain: The Violent Legacy of Monotheism* - desvela el lado siniestro de la afirmación "mi dios es el único dios verdadero".[16] La mirada irónica de Schwartz, cargada de densidad ética, analiza los riesgos que esa metafísica, de unidad y totalidad, con fundamentos teológicos en el monoteísmo semita, representa para quienes sustentan perspectivas religiosas diferentes a la esbozada en el *shemá* bíblico (Deuteronomio 6:4: "Oye Israel, Yahvé nuestro Dios, uno es"). Es un cuestionamiento sugestivamente heterodoxo de las dimensiones potencialmente totalitarias y homicidas del monoteísmo semita, en el cual se inscribe la mayoría de los habitantes del planeta.

3. *The Battle for God*, de Karen Armstrong,[17] es un análisis muy sugestivo de los integrismos actuales de las tres grandes religiones monoteístas nacidas en el cercano oriente. La beligerancia de integristas cristianos, judíos o musulmanes, según Armstrong, procede de su percepción apocalíptica de encontrarse en un momento decisivo de la historia: la confrontación final entre las huestes de la luz y las fuerzas de las tinieblas. Se reacciona contra diversos enemigos: los seculares que creen que las leyes dependen de consensos sociales y no de los textos sagrados; los correligionarios que promueven algún tipo de acomodo reformista que restrinja la piedad religiosa a la esfera subjetiva y privada; y, finalmente, los infieles, los devotos de las otras

---

[16] Regina M. Schwartz, *The Curse of Cain: The Violent Legacy of Monotheism* (Chicago and London: The University of Chicago Press, 1997).

[17] Karen Armstrong, *The Battle for God* (New York: Knopf, 2000).

religiones, tildadas de parodias satánicas. Se trata, por consiguiente, de una dramática batalla por Dios, al borde, constantemente, de pasar de la hostilidad verbal a la guerra santa. También, añadamos de paso, se incrementa, invocando la *sharia*, la *tora* o las epístolas neotestamentarias, la represión de las mujeres y de quienes optan por estilos alternos de conducta sexual, como bien ha percibido la escritora egipcia Nawal El Saadawi.[18] Hay continuidad discursiva entre los integrismos dogmáticos, el enclaustramiento patriarcal de la mujer y la homofobia.

4. *Terror in the Mind of God: The Global Rise of Religious Violence*, del profesor norteamericano Mark Juergensmeyer,[19] estudia los mecanismos mentales e ideológicos de esa transición a la guerra santa y su conversión en terrorismo religioso. Se da cuenta el autor que es un proceso que no se limita a los tres grandes monoteísmos que el imaginario mediterráneo ha privilegiado, sino que también se manifiesta en algunas religiones orientales, como el hinduismo y el budismo. Juergensmeyer ha viajado y entrevistado líderes de sectas militantes en distintos países - Estados Unidos, Israel, Palestina, India – y acumulado información clave sobre la universalidad de la violencia y el terrorismo religioso. Ilumina tres áreas claves de este proceso.

a. La recuperación, en contextos de profundas crisis sociales y humillación comunitaria, de las **imágenes y símbolos de violencia sagrada** que se encuentran en muchas tradiciones religiosas: la cólera divina, la confrontación entre los hijos del bien y los del mal, la ejecución de los transgresores de la ley divina, la exclusión de infieles, idólatras, herejes, gentiles e impuros. La piedad, alimentada por los sagrados "textos de terror",[20] se torna crueldad implacable contra los enemigos de la fe. Es la resurrección del sustrato tenebroso de la exclusividad religiosa. Los "guerreros de Dios" militarizan la fe. Los conflictos seculares sobre la posesión de la tierra se sacralizan; el

---

[18] Nawal El Saadawi, *Walking Through Fire: A Life of Nawal El Saadawi* (London: Zed Books, 2002), *The Innocence of the Devil* (Berkeley and Los Angeles: University of California Press, 1994), *The Fall of the Imam* (London: Saqi Books, 2002).

[19] *Terror in the Mind of God: The Global Rise of Religious Violence* (Berkeley and Los Angeles: University of California Press, 2000).

[20] Phyllis Trible, *Texts of Terror* (Philadelphia: Fortress Press, 1984).

enemigo es ahora agente satánico, a quien se debe no sólo derrotar, sino también exterminar.

b. La acción contra los enemigos de la fe se transmuta en **teatro del terror**: en un *performance* dramático simbólico de una guerra cósmica trascendente. La violencia divina tiene sus rituales teatrales que se perciben como preludio detonador del pavoroso juicio final. Las imágenes míticas del Apocalipsis, y sus equivalentes en otros textos sagrados, se reviven en conflictos históricos concretos. Los sucesos del 11 de septiembre de 2001 son paradigmáticos, potenciada su resonancia, claro está, por la enorme capacidad de reproducción de los medios de comunicación y la inmensa retribución militar de los Estados Unidos. Es el símbolo dramático, de espeluznante teatralidad, de atacar, en nombre de la ira divina, los iconos económicos, militares y políticos de la infidelidad occidental. Esta teatralidad del terror religioso es lo definitorio de los eventos del 11 de septiembre, no la imputada intención de matar civiles.

c. Estas sectas integristas religiosas reactivan a su modo la tradición del **martirio redentor**. La lucha contra el secularismo, la infidelidad y la herejía exige la disposición al sacrificio supremo: el de la vida propia. La sangre de los mártires es la matriz de la renovación escatológica de la creación. Timothy McVeigh, en los Estados Unidos, los militantes de Hamas, en Palestina, los sionistas ultraortodoxos, en Israel, los guardaespaldas sijs que asesinaron a Indira Gandhi, en India, los jóvenes que estrellaron los aviones contra las torres gemelas neoyorquinas y los insurgentes que hoy hacen pagar cara la invasión de Irak asumen su muerte como un ritual de sacrificio, una consagración excelsa a la ira divina contra quienes contaminan la creación. Es el retorno del sacrificio humano, revestido del prestigio del martirio, que al engarzarse en imágenes de guerra santa se convierte en atroz suicidio homicida. No es el sacrificio tradicional que, de acuerdo con la teoría de la violencia sagrada de René Girard,[21] pretende restaurar el orden social y la armonía cósmica, sino aquel que desencadena el cataclismo universal final. Es, más bien, un testimonio/martirio de sangre que purifica el escenario cósmico para la hecatombe postrera.

---

[21] René Girard, *Violence and the Sacred* (Baltimore and London: The John Hopkins University Press, 1977).

En momentos en que la nación a la cual se entrega la lealtad patriótica se involucra en guerra, se disuelve la superficial fachada secular y en altares y púlpitos renacen las súplicas de victoria al "Dios de los ejércitos", como con tan brillante ironía satirizase Mark Twain en su clásica *Oración de guerra*.²² Por diversos lados, invocando distintas y opuestas deidades, se entonan variantes del lúgubre himno de la muerte y la desolación escatológica, el tétrico canto litúrgico del oficio de tinieblas:

> *Dies irae, dies illa*
> *solvet saeclum in favilla…*
>
> *Quantus tremor est futurus,*
> *quando judex est venturus,*
> *cuncta stricte discussurus.*²³

Entre el terror y la esperanza

Lo central, decisivo y definitorio, en las grandes tradiciones religiosas, es la reverencia ante lo sagrado, la afirmación de la vida humana en todas sus manifestaciones y la preservación de la naturaleza como creación divina y hogar humano. La genuina religiosidad tiende a *re-ligar* a los seres humanos con sus prójimos, los cercanos y los lejanos, que trazan su particular peregrinaje en la existencia, en busca esperanzada de un significado que le confiera dignidad perdurable a pesar de su ineludible fragilidad.

De ahí la simpatía recíproca tan natural entre almas profundamente espirituales como Isaías, el Jesús de los evangelios, Mahoma, Thomas Merton, Martin Luther King, Jr., Mahatma Gandhi, Desmond Tutu y el Dalai Lama, a pesar de sus grandes diferencias doctrinales y culturales. Convergen en ellas la ternura restauradora y la pasión profética. Si se mira con detenimiento estamos ante una sorprendente paradoja: Isaías, Jesús, Merton, Luther King, Jr. Gandhi, Tutu y el Dalai Lama, encarnan el afecto divino y reconciliador por la

---

22 Mark Twain, *The War Prayer* (1923) (New York: Perennial, 2002).

23 "Día de ira, aquel día, en que el mundo se disolverá en cenizas… ¡Qué terror prevalecerá, cuando el juez venga a juzgar a todos con severidad!" (mi traducción de este himno de la misa fúnebre latina).

humanidad, con todas sus máculas y defectos, y, sin embargo, en ocasiones exclaman saturados de incontenible indignación profética:

"¡Ay de los que dictan leyes injustas
y prescriben tiranía,
para apartar del juicio a los pobres
y para privar de su derecho
a los afligidos de mi pueblo…!
¿Y qué haréis en el día del castigo?…
¿En dónde dejaréis vuestras riquezas?"

Isaías 10:1-3

Se puede, sin duda, encontrar en las escrituras canónicas de las diversas religiones imágenes tenebrosas de repudio y violencia contra quienes contaminan la integridad de la identidad cúltica. Las guerras santas israelitas, las cruzadas cristianas, los yihad islámicos, las servidumbres opresivas, las jerarquías despóticas y las intolerancias de toda índole se han justificado aludiendo a textos sagrados. Así la Inquisición avaló la restricción a la libertad de culto, el patriarcado la subordinación de la mujer, los europeos cristianos el avasallamiento de tantos pueblos nativos y los fundamentalistas modernos sus prejuicios homofóbicos. La "palabra de Dios" se ha usado demasiadas veces para devastar solidaridades, conciencias y esperanzas. Pero, esos "textos del terror" no son los decisivos ni predominantes en las tradiciones religiosas que la humanidad ha forjado a lo largo de su historia, aunque en ocasiones cofradías represivas y excluyentes pretendan trasladarlas de las capillas periféricas al altar mayor.

El genuino pensamiento religioso, al reflexionar sobre el destino de la historia humana, nunca destaca los símbolos tenebrosos del armagedón y sus jinetes del terror, sino la esperanza de liberación y reconciliación universales.[24] Ciertamente, escritores de tenebrosa mentalidad apocalíptica, como Tim LaHaye y Jerry B. Jenkins, han explotado, durante la última década, la veta del terror eterno en una

---

[24] Véase João B. Libânio e Maria Clara L. Bingemer, *Escatologia Cristã: O Novo Céu e a Nova Terra* (Petrópolis, Brasil: Vozes, 1985), Jorge Pixley, *La resurrección de Jesús, el Cristo: Una interpretación desde la lucha por la vida* (Managua, Nicaragua: CIEETS, CEDEPCA & CCM, 1997) y Miroslav Volf, *Exclusion and Embrace: A Theological Exploration of Identity, Otherness, and Reconciliation* (Nashville: Abingdon Press, 1996).

serie de novelas muy populares entre evangélicos fundamentalistas.[25] La mediocridad de esos artefactos pseudoteológicos y pseudoliterarios en nada compara, dicho sea de paso, con la sublime manera en que James Joyce describe el pavor ante las imágenes tradicionales del infierno eterno, en su clásico *A Portrait of the Artist as a Young Man* (1916). Lo que en el gran escritor irlandés es tragedia sublime, se reduce en los apocalipcistas estadounidenses a superficial farsa.

Lo central, en las imágenes transhistóricas de nuestras escrituras sagradas, no es el terror ni la violencia del Dios celoso y excluyente. Es más bien la visión de un "cielo nuevo y una tierra nueva" (Isaías 65 y Apocalipsis 21), donde los seres humanos puedan sembrar trigo y comer su pan en paz, cosechar uvas y tomar su vino con regocijo compartido, edificar casas y dormir con tranquilidad. Responde esa aspiración universal de paz y solidaridad a lo más genuino de la imaginación creadora religiosa. Es, ciertamente, una visión ardua de plasmar históricamente. Pero, es una expresión del diálogo perpetuo entre la razón y el corazón humanos, empeñados en forjar aproximaciones terrenales del mito genésico del paraíso y la aspiración apocalíptica de la nueva Jerusalén. En nuestras utopías terrenales e históricas palpitan, como bien apuntó el filósofo alemán Ernst Bloch,[26] las imágenes escatológicas escriturarias de la reconciliación final entre la divinidad, la humanidad y la naturaleza.

Conjugar la denuncia profética y el reclamo de reconciliación entre pueblos enemistados es tarea compleja, pero necesaria y posible, como han demostrado, en el entorno eclesiástico, el arzobispo surafricano Desmond Tutu y, en el literario secular, la escritora india Arundhati Roy y la feminista egipcia Nawal El Saadawi.[27] No se comienza,

---

[25] Los títulos de las novelas son: *Left Behind, Tribulation Force, Nicolae, Soul Harvest, Apollyon, Assassins, The Indwelling, The Mark, Desecration, The Remnant, Armageddon, Glorious Appearing*, publicadas entre 1995 y 2004 por Tyndale House Publishers, en Wheaton, Illinois.

[26] Ernst Bloch, *Atheismus im Christentum: Zur Religion des Exodus und des Reichs* (Frankfurt am Main: Suhrkamp Verlag, 1968). [El ateísmo en el cristianismo (Madrid: Taurus, 1983)].

[27] Desmond Tutu, *No Future Without Forgiveness* (New York: Doubleday, 1999), Arundhati Roy, *Power Politics* (2nd. ed.) (New York: South End Press,

afortunadamente, en cero. Hay un acopio considerable de reflexiones teóricas y estrategias de acción que vinculan la denuncia profética y la resistencia civil no violenta, que puede asumirse desde distintas ópticas políticas, filosóficas y teológicas.[28]

La tesis del "conflicto de civilizaciones", de la hostilidad ineludible entre el occidente cristiano y el oriente musulmán, tan de boga en ciertos círculos noratlánticos tras su articulada exposición por Samuel Huntington[29] es una variante del anacrónico recelo contra el islam. Aunque percibe correctamente la importancia de las diferencias religiosas para los conflictos internacionales en la era posterior a la guerra fría, no logra deshacerse del prejuicio de la superioridad de la civilización occidental.[30] Intelectual y políticamente estéril, la tesis del conflicto entre el occidente cristiano y el mundo islámico no es sino el reverso del amargo antioccidentalismo de Osama bin Laden y Al Qaeda. Es irónico que, en ocasiones, el liderato político estadounidense, con sus alusiones constantes a la guerra total contra quienes tilda como encarnaciones de la maldad absoluta, reproduce la retórica cósmica maniquea de su enemigo. Tal confrontación se asemeja más bien a un "conflicto de fundamentalismos", como sagazmente ha sugerido Tariq Ali.[31]

2002) y Nawal El Saadawi, *The Nawal El Saadawi Reader* (London: Zed Books, 1997).

[28] Elise Boulding, *Cultures of Peace: The Hidden Side of History* (Syracuse, N.Y.: Syracuse University Press, 2000) y Anaida Pascual Morán, *Acción civil noviolenta: fuerza de espíritu, fuerza de paz* (Río Piedras, Puerto Rico: Publicaciones Puertorriqueñas, 2003).

[29] Samuel Huntington, *The Clash of Civilizations and the Remaking of World Order* (New York: Simon and Schuster, 1997) [El choque de las civilizaciones y la reconfiguración del orden mundial (Barcelona: Paidós, 1997)]. Véase la escrupulosa crítica a Huntington de Errol A. Henderson y Richard Tucker en su estudio, "Clear and Present Strangers: The Clash of Civilizations and International Conflict," *International Studies Quarterly*, June 2001, vol. 45, no. 2, 317-338.

[30] Véase Edward Said, *Orientalism* (New York: Vintage Books, 1979) y *Culture and Imperialism* (New York: Vintage Books, 1994).

[31] Tariq Ali, *The Clash of Fundamentalisms. Crusades, Jihads and Modernity* (London: Verso, 2002).

Tampoco pequemos de ingenuos. Ya Erasmo mostró con mucha agudeza, en el siglo dieciséis, que tras las proclamas piadosas de la guerra contra otomanos musulmanes, tildados de "enemigos de Cristo", prevalecía en muchas ocasiones el afán de riquezas.[32] Por esos mismos años, Hernán Cortés revistió su saqueo de Tenochtitlán, la gran urbe azteca, de cruzada piadosa contra la idolatría.

> "Cuánta solicitud... los naturales de esta parte tienen en la cultura y veneración de sus ídolos, de que a Dios Nuestro Señor se hace gran deservicio y el demonio, por la ceguedad y engaño en que los trae es de ellos muy venerado; y en los apartar de tanto error e idolatría, y en los reducir al conocimiento de nuestra santa fe católica... exhorto y ruego a todos los españoles que en mi compañía fueren a esta guerras... que su principal motivo e intención sea apartar y desarraigar de las dichas idolatrías a todos los naturales destas partes... y que sean reducidos al conocimiento de Dios y de su santa fe..."[33]

Quienes hoy hacen de la guerra preventiva un eje fundamental de la política exterior del país más poderoso del orbe utilizan en sus declaraciones públicas un lenguaje que tiende a identificar a los enemigos de la nación como adversarios de Dios.[34] De esa manera, conflictos muy terrenales adquieren dimensiones cósmicas: la perpetua confrontación entre los hijos de la luz y los de las tinieblas. Las épocas

---

[32] Erasmo, "Utilísima consulta acerca de la declaración de la guerra al turco", en *Obras escogidas* (Madrid: Aguilar, 1964), 997-1027. Véase, además, su "Querella de la paz" (ibid., 965-994) obra clásica de literatura antibélica.

[33] Hernán Cortés, *Documentos cortesianos, 1518-1528* (ed. José Luis Martínez) (México, D. F.: Universidad Nacional Autónoma de México - Fondo de Cultura Económica, 1990), 165. Véase Gustavo Gutiérrez, *Dios o el oro en las Indias* (Lima: Centro de Estudios y Publicaciones, 1989) y Luis N. Rivera Pagán, *Entre el oro y la fe: El dilema de América* (San Juan: Editorial de la Universidad de Puerto Rico, 1995).

[34] Véase el capítulo titulado "The American Presidency and the Rise of the Religious Right," de Kevin Phillips, *American Dynasty: Aristocracy, Fortune, and the Politics of Deceit in the House of Bush* (New York: Viking, 2004), 211-244 y Juan Stam, "El lenguaje religioso de George W. Bush: análisis semántico y teológico", *Signos de Vida* (Consejo Latinoamericano de Iglesias), núm. 28, junio 2003, 2-6.

varían, pero la ambición de poder, prestigio y peculio sigue escudándose en la devoción religiosa.[35]

A pesar de tales persistentes signos ominosos y aunque algunos jerarcas cristianos, rabinos sionistas y e imanes islámicos no se hayan percatado, las cruzadas, las guerras santas y los yihads han perdido vigencia histórica. Los pueblos de tradición cristiana, en vez de acentuar la apología contra el islam, deben, por el contrario, diseñar instancias de comunicación, comprensión y diálogo. Sobre todo si tomamos en cuenta que aunque diversos líderes misioneros proclamaron, a inicios del siglo veinte, la mundialización del cristianismo, a su final el resultado fue un aumento mayor, absoluto y proporcional, del islam.[36] La compleja diversidad interna del islam contradice la caricaturesca imagen del enemigo musulmán que intentan proyectar ciertos apologistas de nuevas cruzadas.[37] Además, en sus tradiciones canónicas centrales, el islam comparte perspectivas éticas no muy diferentes a las de los seguidores de los evangelios o del talmud.

Despistada me parece también la tesis, esbozada recientemente por algunos autores cristianos, de que la diferencia notable entre el cristianismo y el islam radica en la ausencia de una lengua "sagrada" en el primero, mientras que los textos canónicos del segundo están indefectiblemente ligados al árabe.[38] De esa distinción deducen una

---

[35] Juan Antonio Estrada Díaz, "El Dios de la guerra: la manipulación política de lo religioso", disponible en http://perso.wanadoo.es/laicos/2002/768T-violencia-y-religion.htm.

[36] El islam creció de casi 200,000,000 fieles, en el 1900, a cerca de 1,200,000,000, en el 2000; o, en otros términos, del 12.35 al 19.6 por ciento de la población mundial. David B. Barrett and Todd M. Johnson, "Status of Global Mission, 2004, in Context of 20th and 21st Centuries," *International Bulletin of Missionary Research*, Vol. 28, No. 1, January 2004, 25. De acuerdo a esas estadísticas, el cristianismo pasó de casi 560,000,000 de fieles, en 1900, a cerca de 2,000,000,000, en 2000, una reducción proporcional del 34.5 por ciento al 33 por ciento.

[37] Véase Emran Qureshi and Michael A. Sells, *The New Crusades: Constructing the Muslim Enemy* (New York: Columbia University Press, 2003).

[38] Lamin Sanneh, *Translating the Message: The Missionary Impact on Culture* (Maryknoll, NY: Orbis Books, 1989).

diferencia esencial entre el cristianismo y el islam, atribuyendo a este último rigidez e inflexibilidad respecto a la diversidad cultural. Son subterfugios sofisticados que preservan la postura hostil hacia el islamismo que atraviesa fatalmente toda la historia del Occidente cristiano. Olvidan, además, estos apologistas la excesiva frecuencia con que, en el cristianismo y el judaísmo, la idolatría de la letra sagrada se ha tornado abominable para quienes no la comparten, algo que ya en el siglo diecisiete señaló atinadamente Baruch Spinoza,[39] el espléndido heterodoxo judío, estigmatizado por la iglesia y la sinagoga, de quien Jorge Luis Borges, con mucha admiración, escribiese:

"Alguien construye a Dios en la penumbra...
Es un judío
De tristes ojos y piel cetrina....
Desde su enfermedad, desde su nada,
Sigue erigiendo a Dios con la palabra."[40]

La idolatría de la letra sagrada llevó, en ocasiones, en el cristianismo, a la ejecución de las mujeres consideradas hechiceras (Éxodo 22:18: "A la hechicera no la dejarás con vida")[41] o a las desposadas no vírgenes (Deuteronomio 22:20-21). Hombres con poder social y almas violentas leyeron esos textos, con profunda devoción hacia ellos, antes de proceder a cegar atribuladas vidas femeninas. Hoy muchos creyentes dogmáticos se apoyan en textos canónicos para justificar el discrimen contra los homosexuales, con una lógica discursiva muy similar a la que sus antecesores esgrimieron contra la abolición de la esclavitud o la emancipación femenina.[42] Esa

---

[39] Baruch Spinoza, *Tratado teológico-político* (1670) (Salamanca: Ediciones Sígueme, 1976).

[40] Jorge Luis Borges, *Selected Poems*, edited by Alexander Coleman (New York: Viking, 1999), 382.

[41] Según un estudioso norteamericano, este atroz hábito se revive en ciertas modalidades del cristianismo africano que imaginan la vida humana enfrascada en lucha mortal contra demonios y hechicerías. Philip Jenkins, "The Next Christianity," *The Atlantic Monthly*, October 2002, 60.

[42] Luis N. Rivera Pagán, "Reflexiones teológicas sobre la homosexualidad", en, del mismo autor, *Fe y cultura en Puerto Rico* (Quito y San Juan: Consejo Latinoamericano de Iglesias, 2002), 72-82. Véase,

idolatría de la letra sagrada ha sido la inspiración de frecuentes guerras santas, cruzadas, yihads y pogromos. Incontables han sido los seres humanos sacrificados en el altar de dioses celosos, excluyentes e implacables.

Erróneas me parecen la posturas intolerantes como la que se manifiesta en *Dominus Iesus* (2000),[43] la reciente declaración del Vaticano sobre la exclusividad soteriológica del cristianismo. Es un intento de atajar actitudes dialógicas en las fronteras de encuentro entre el cristianismo y las grandes religiosidades orientales, como las propuestas por algunos teólogos católicos como Jacques Dupuis, Raimon Panikkar, y Aloysius Pieris,[44] las cuales podrían conducir a identidades híbridas. En tiempos de incertidumbres, los centinelas de la pureza sienten pavor ante el cruce de fronteras. Como era de esperarse en un entorno global tan repleto de paradojas, *Dominus Iesus* fue aplaudida por los tradicionales adversarios de Roma: los *evangelicals* conservadores y fundamentalistas. En honor a la verdad, sin embargo, debe reconocerse la respetable y escéptica distancia que el Vaticano ha mantenido respecto a la política belicista del actual gobierno estadounidense y a las tendencias antiislámicas que la nutren.

Se impone como necesidad vital para la paz y el bienestar de la humanidad, promover el diálogo intercultural e interreligioso y silenciar las confrontaciones estridentes y degradantes. De no seguirse esa perspectiva dialógica intercultural e interreligiosa corremos el

---

además, Mario Vargas Llosa, "El pecado nefando", *El país*, 10 de agosto de 2003.

[43] Congregación para la doctrina de la fe, *Declaración: Dominus Iesus. Sobre la unicidad y la universalidad salvífica de Jesucristo y de la iglesia* (Ciudad del Vaticano, 2000). Véase la aguda crítica de Leonardo Boff, "¿Quién subvierte al Concilio? Respuesta al Cardenal J. Ratzinger a propósito de la *Dominus Iesus*", *Revista Latinoamericana de Teología*, año xviii, núm. 52, enero - abril 2001, 33-48. Una visión apologética de la declaración la desarrolla Walter Kasper, "Present Day Problems in Ecumenical Theology," *Reflections* (Center of Theological Inquiry, Princeton, New Jersey), Spring 2003, Vol. 6, 61-65.

[44] Jacques Dupuis, *Hacia una teología cristiana del pluralismo religioso* (Santander: Sal Terrae, 2000); Raimon Panikkar, *The Intrareligious Dialogue* (revised edition) (New York: Paulist Press, 1999); Aloysius Pieris, *El rostro asiático de Cristo: notas para una teología asiática de la liberación* (Salamanca: Ediciones Sígueme, 1991).

peligro de promover y sacralizar la globalización de la violencia sagrada. Es necesario forjar senderos de diálogo, reconocimiento mutuo y respeto recíproco y, sobre todo, de vínculos de solidaridad y misericordia, entre las distintas religiosidades históricas. No es cuestión de irenismo superficial y cortés, de salón. Nada menos que el futuro de la humanidad está en juego. De otra manera, como con su habitual gracia escribe Leonardo Boff, los humanos "podemos sufrir el destino de los dinosaurios".[45]

Especial importancia tiene hoy propiciar el diálogo creador entre las tres grandes religiones monoteístas originadas en el cercano oriente y que consideran a la ciudad de Jerusalén como urbe sagrada. ¿Es demasiado utópico soñar que algún día Jerusalén, con su historia tan trágica y sangrienta, sea símbolo de convivencia en paz y armonía entre adoradores de distintas encarnaciones de lo sagrado? ¿Es viable imaginar que no lejos del muro de las lamentaciones se erija un día no muy lejano un monumento a la concordia entre cristianos, judíos e islámicos, que celebre el fin de las guerras santas, cruzadas, pogromos, y yihads? ¿Es acaso iluso pensar un futuro en el que finalmente Jerusalén, la ciudad sagrada que durante milenios ha presenciado tanta violencia y agresión, haga honor a la etimología de su nombre, "ciudad de paz"?[46]

Es el tiempo de forjar aquello que el teólogo católico Johann Baptist Metz catalogó de "*ekumene* de la compasión", un proyecto inclusivo de solidaridad con el sufrimiento humano que trascienda las fronteras de la cristiandad.[47] Por compasión, aclaremos, se entiende aquí no la paternal indulgencia, sino el "padecer con", la identificación y solidaridad con quienes sufren el pavoroso "misterio de la iniquidad" (II Tesalonicenses 2:7). El vínculo de la urgencia profética por la justicia y la compasión por el dolor humano que se expresa intensamente en seres tan dispares y sin embargo tan hermanados como Isaías, Jesús, Mahoma y Gautama Buda constituye un

---

[45] Boff, "¿Quién subvierte al Concilio?", 47.

[46] Amos Elon, *Jerusalem: Battlegrounds of Memory* (New York/Tokyo/London: Kodansha International, 1995).

[47] Johann Baptist Metz, "La compasión. Un programa universal del cristianismo en la época del pluralismo cultural y religioso", *Revista Latinoamericana de Teología*, año xix, núm. 55, enero - abril 2002, 25-32.

sacramento de esperanza para un mundo atribulado todavía por la violencia, el despotismo, el discrimen nacional, étnico y cultural, el patriarcado androcéntrico y la homofobia. Este ecumenismo de la compasión puede nutrirse del viraje hacia la aflicción humana que se manifestó en variadas sensibilidades religiosas de fines del siglo veinte y que a la larga puede servir de contrapeso a la pasión homicida de los "guerreros de Dios".

Respecto a las diversas tradiciones culturales y religiosas, el desafío es superar la mera tolerancia y aprender a estimar y apreciar la "dignidad de la diferencia", como la llama el rabino judío Jonathan Sacks.[48] La raíz latina del vocablo tolerancia sugiere que su alcance semántico se limita a soportar o sufrir la diversidad. De lo que hoy se trata es de valorarla y disfrutarla. Es la única manera de enterrar en el cementerio de las pesadillas al racismo moderno, cuya expresión más nefasta fue la célebre frase de Carl Schmitt, filósofo político e ideólogo del antisemitismo nazi: "No todos los que tienen rostro humano son seres humanos."[49]

¿Qué tal ecumenismo de la compasión es un sueño, una utopía? Ciertamente, pero el ser humano se constituye por la nobleza y el arrojo de sus sueños, de sus aspiraciones utópicas. Por eso, siempre he preferido *Utopía*, de Tomás Moro, a *El príncipe*, de Nicolás Maquiavelo, escritos ambos textos en el nacimiento de la modernidad occidental. Ante el pragmatismo mortífero de los realistas forjados en Maquiavelo, Hobbes y Clausewitz, por un lado, y las atrocidades apocalípticas de los fundamentalismos belicosos, por el otro, ¿no es acaso preferible soñar con el instante apasionadamente erótico en el que "la justicia y la paz se besen", como reza el salmo bíblico (Salmo 86:10)? Ya lo dijo el gran Lezama Lima, "sólo lo difícil es estimulante".[50]

Quienes aspiran a ser cristianos, no deben olvidar que el Jesús de los evangelios nunca hizo de la adhesión a dogmas, jerarquías

---

[48] Jonathan Sacks, *The Dignity of Difference: How to Avoid the Clash of Civilizations* (London: Continuum, 2002).

[49] Citado por Claudia Koonz, *The Nazi Conscience* (Cambridge, MA: Harvard University Press, 2003), 1-2.

[50] José Lezama Lima, *La expresión americana* (La Habana: Editorial Letras Cubanas, 1993), 7.

eclesiásticas o prescripciones rituales lo decisivo de su mensaje. Jesús fue siempre muy heterodoxo en sus predilecciones: prefería al solidario y compasivo samaritano sobre el piadoso levita o el devoto sacerdote (Lucas 10:29-37). Su desafío radical conduce más bien a asumir plenamente la solidaridad y la compasión con quienes Franz Fanon llamó "los condenados de la tierra".

Cuando un líder religioso proclama la guerra santa contra quienes tilda de "adversarios de Dios", debemos recordar la sensata advertencia de John Locke: "quisiera saber cómo hemos de distinguir entre los engaños de Satanás y las inspiraciones del Espíritu Santo".[51] En asuntos de diferencias doctrinales, es válida la norma que establece Umberto Eco en su ejemplar diálogo/debate con el cardenal Carlo Maria Martini: "en los conflictos de fe deberán prevalecer la Caridad y la Prudencia".[52] Sólo así pueden los hombres y mujeres de fe poner límites a la voracidad de quienes pretenden continuar el legado de muerte y destrucción de la pasada centuria. Sólo así quienes viven entre el terror y la esperanza pueden entonar el himno bíblico a la paz:

"¡Cuán hermosos son sobre los montes
los pies del mensajero que anuncia la paz!"

Isaías 52:7ª

La paz abrazada con la justicia, aquella que brotó como esperanza contra toda desesperanza de los labios del arzobispo mártir Óscar Arnulfo Romero segundos antes que una bala asesina canonizara prematuramente su apostolado, cuando se aprestaba a consagrar el sacramento más excelso de la tradición cristiana...

"Que este Cuerpo inmolado y esta Sangre sacrificada por los hombres, nos alimente también para dar nuestro cuerpo y nuestra sangre al

---

[51] John Locke, *Ensayo sobre el entendimiento humano* (orig. 1690) (México, D. F.: Fondo de Cultura Económica, 1956), 710.

[52] Umberto Eco y Carlo Maria Martini ¿*En qué creen los que no creen?* (México, D F.: Taurus, 1997), 114.

sufrimiento y al dolor, como Cristo, no para sí, sino para dar conceptos de justicia y de paz a nuestro pueblo."[53]

¿El martirio como posible fuente de la esperanza de una patria gravemente herida y cruelmente lacerada? Esa misteriosa esperanza, como misteriosos son siempre los senderos inéditos de la divinidad, fue la que afirmó el arzobispo Romero pocas semanas antes de ser asesinado, y con esas sus palabras, teñidas de dolida esperanza, concluyo,

> "Estoy seguro de que tanta sangre derramada y tanto dolor causado… no será en vano. Es sangre y dolor que regará y fecundará nuevas y cada vez más numerosas semillas de salvadoreños que tomarán conciencia de la responsabilidad que tienen de construir una sociedad más justa y humana, y que fructificará en la realización de las reformas estructurales audaces, urgentes y radicales que necesita nuestra patria."[54]

---

[53] "Homilía de 24 de marzo de 1980", en *Día a día con monseñor Romero*, 405.

[54] "Homilía de 27 de enero de 1980", en *Día a día con monseñor Romero*, 343.

REINO DE DIOS DE PAZ CON JUSTICIA: REFLEXIONES SOBRE SANTIAGO

> "El fruto de la justicia se siembra en paz para aquellos que hacen la paz."
>
> Santiago 3:18

La "epístola de paja"

El escrito del Nuevo Testamento menos estudiado por las congregaciones protestantes es probablemente la Epístola de Santiago. Este descuido se debe, en buena medida, a la opinión negativa que sobre ella tenía el reformador Martín Lutero.

En el prefacio a su traducción de la epístola, escrito en 1522, Lutero niega su origen apostólico, por dos razones: a) su concepto de la justificación mediante las obras, según el reformador alemán, en "oposición a San Pablo y a todo el resto de las Escrituras"; b) su silencio sobre la pasión y resurrección de Cristo. De acuerdo con los criterios de Lutero, "el oficio de un verdadero apóstol es predicar el sufrimiento, la resurrección y el ministerio de Cristo y poner el fundamento de esta fe en él". El centro del mensaje de la carta, en su opinión, es la ley ("Santiago no hace más que inculcar la ley y sus obras..."). Su autor es probablemente, piensa el reformador alemán, un piadoso y buen hombre que mezcló algunas cosas que había oído sobre el cristianismo con la visión hebrea de la ley. Quería advertir contra cierta interpretación tergiversada de la doctrina paulina de la justificación por la gracia, pero "no estuvo a la altura de la empresa ni con el espíritu, ni con la razón y palabra..." A su ver, Santiago concluye "contradiciendo a Pablo y a toda la Escritura. Por eso no lo quiero tener en mi Biblia entre los auténticos libros principales." A pesar de ello, lo traduce y mantiene en su versión alemana del Nuevo

Testamento porque en asuntos morales, piensa Lutero, "hay en esta Epístola también muchos pasajes buenos".[55]

Dos décadas después, en 1542, su apreciación negativa se había endurecido más aún: "Debíamos arrojar fuera la epístola de Santiago, pues no cuenta para mucho". Cree, entonces, que la había redactado algún judío que "probablemente había oído hablar sobre los cristianos, pero nunca había encontrado alguno".[56] El aumento de su hostilidad para con la epístola se debió al uso frecuente que de ella hacían los apologistas católico-romanos en las intensas diatribas teológicas del siglo decimosexto. Incluso en un momento de exaltada pasión sugirió arrojar la epístola al fuego de una estufa.[57] Sólo a regañadientes y en deferencia a la tradición eclesiástica la mantiene dentro del canon bíblico. Santiago pasó así a ocupar un lugar equívoco y subordinado en la teología protestante, eclipsado totalmente por las epístolas paulinas.

Aunque algunos versículos del último capítulo de Santiago (5:14-15) se utilizaron por los polemistas católicos durante las disputas doctrinales del siglo decimosexto para defender el sacramento de la extrema unción,[58] el punto central de controversia fue la interpretación que hace Santiago de la justificación de Abraham (2:14-26) en aparente contradicción con la exégesis que Pablo hace del mismo asunto y, por consiguiente, la doctrina reformada de la salvación. De acuerdo con Santiago: "La fe sin obras es muerta... El ser humano es justificado por las obras, y no solamente por la fe... Porque como el cuerpo sin espíritu está muerto, así también la fe sin obras está muerta" (2:20, 24, 26). Pablo, en el cuarto capítulo de la Epístola a los Romanos, había

---

[55] Martín Lutero, "Prefacio a las epístolas de Santiago y Judas (1522)", *Obras de Martín Lutero* (Buenos Aires: Ediciones La Aurora, 1979) tomo vi, 153-155.

[56] *Luther's Works* (Philadelphia: Fortress Press, 1967), vol. 54, 424-425.

[57] *Luther's Works* (Philadelphia: Fortress Press, 1967), vol. 34, 317.

[58] Esta interpretación devino norma ortodoxa y dogmática para los católicos en el Concilio de Trento, cuya sesión decimocuarta (25 de noviembre de 1551) defendió el carácter sacramental de la extrema unción a partir de Santiago 5:14-15 y declaró que "perpetuamente condena y anatemiza a los que afirmen lo contrario". El Vaticano reiteró esa interpretación en el decreto del Santo Oficio *Lamentabili*, aprobado por el Papa Pío X, el 3 de julio de 1907.

tomado a Abraham como arquetipo y paradigma de su principio teológico fundamental: "El ser humano es justificado por fe sin las obras de la ley" (Romanos 3:28). El énfasis histórico de la teología protestante sobre la primacía de la gracia y su negación del carácter meritorio de las acciones humanas, llevó al descuido de Santiago, de la "epístola llena de paja", como en la introducción a su Nuevo Testamento en alemán (1522) la catalogó Lutero.[59]

Este descuido, sin embargo, ha sido desacertado. El mismo Lutero reconoce a ratos que la epístola contiene cosas "valiosas y excelentes". Pero, éstas se destacan plenamente sólo si permitimos que la epístola nos interpele con entera libertad, sin subordinarla a esquemas teológicos reductores y homogeneizantes. El canon bíblico reviste una rica variedad de acentos y tonos. Constituye una auténtica polifonía que no debe distorsionarse por la ansiedad de imponer a toda la escritura sagrada una misma óptica doctrinal. Buena parte de las infortunadas disputas dogmáticas que dolorosamente han dividido la comunidad universal de los creyentes se han ocasionado al contraponer como excluyentes acentos y perspectivas que en las Escrituras se muestran concurrentes y coexistentes.

En esa polifonía bíblica, Santiago aporta una voz profética vigorosa, un marcado énfasis en la consistencia entre doctrina y conducta y una percepción ética de la fe que engarzan con tradiciones canónicas centrales - literatura profética del Viejo Testamento, pasajes evangélicos y relatos sobre Jesús - necesarias para comprender dimensiones importantes de la religiosidad cristiana. Su especialidad es la amonestación moral, su énfasis se pone en la existencia cristiana como conducta de amor y solidaridad.

Lutero se equivocó al interpretar el concepto de "obras" de Santiago desde la perspectiva de la disputa entre protestantes y católicos del siglo dieciséis. Obsesionado con esa polémica, interpretó a Santiago como aliado molestoso de sus adversarios. Empero, en ningún lugar desarrolla Santiago el concepto de "obras meritorias". Su idea es que la fe que no se expresa en actos de misericordia activa y concreta "es muerta" (2:20). ¿Es posible negar el parentesco de esa

---

[59] Martin Luther, *Selections From His Writings*, edited and with an introduction by John Dillenberger (Garden City, NY: Anchor Books, 1961), 19.

aseveración con el Jesús de los Evangelios que insiste en la conducta de amor, justicia y solidaridad como criterio crucial para distinguir entre las "ovejas" y los "cabritos" (Mateo 25:31-46)? Para ese Jesús los "benditos" (v. 34) son los "justos" (v. 37) que socorren a los desamparados.

Por esa continuidad en el acento ético, que proviene de la interpretación que hacen los profetas veterotestamentarios de la religiosidad como reclamo profundamente moral, es necesario estudiar a Santiago. Al hacerlo, descubrimos con regocijo que contiene vastos campos de trigo. De otra manera se corre el riesgo, al que continuamente alude Santiago, de convertir la fe en asentimiento intelectual desprovisto de resonancias existenciales significativas.

¿Quién fue Santiago?

La epístola se inicia identificando a su autor y sus destinatarios. "Santiago... a las doce tribus que están en la dispersión: Salud". Pero, ¿quién fue este "Santiago" o Jacobo (*Iákobos* en griego)? Tradicionalmente se le identificó con la persona que el Nuevo Testamento llama "hermano del Señor" (Mateo 13:55; Marcos 6:3; Gálatas 1:19) y quien parece haber ocupado una posición de autoridad preeminente en la comunidad apostólica de Jerusalén (Hechos 15:13-21; 21:18; Gálatas 1:9; 2:9,12).[60] La mención que hace Pablo de una aparición especial a Jacobo del Jesús resucitado (I Corintios 15:7) es posiblemente un intento de explicar el hecho anómalo de esa autoridad de quien no era parte del grupo de los doce apóstoles ni aparece en los Evangelios jugando un papel preponderante.

La adscripción de "hermandad" con Jesús provocó, como era de esperarse, largos pasajes de los teólogos de los primeros siglos tratando de demostrar que tal referencia no tenía su obvio significado, el cual confligía con la popular doctrina de la virginidad perpetua de María. Se afirmó que era, en realidad, un pariente de Jesús, uno de sus primos, sin ser hijo carnal de José o María. El culto mariológico determinó la transformación del sentido simple de "hermano del Señor". El problema con esta interpretación, que se universalizó en la iglesia hasta la Reforma Protestante, es que conlleva trastocar el sentido literal de

---

[60] Otro *Iákobos*/Jacobo, el discípulo de Jesús y hermano del apóstol Juan, se descarta por su martirio prematuro (Hechos 12:2).

los términos escriturarios. En los Evangelios es difícil sustentar la tesis de la virginidad permanente de la madre de Jesús.[61]

Pero, ¿es el *Iákobos* autor de la epístola realmente el "hermano de Jesús"? Esta pregunta sigue siendo punto de contención entre los estudiosos del Nuevo Testamento. La mayor parte lo ponen en duda. Reiteran las objeciones que tuvieron algunos padres de la iglesia original. Por ejemplo, Eusebio de Cesárea en su *Historia eclesiástica*, redactada a principios del siglo cuarto, escribe lo siguiente sobre Santiago, "hermano del Señor" y líder de la comunidad cristiana de Jerusalén:

> "Al cual suele atribuirse la primera de las epístolas llamadas católicas. Algunos la estiman espuria y supuesta. En verdad pocos de los antiguos hacen mención, no sólo de esta carta, sino también de la de Judas, que también se incluye en el número de las católicas [universales]. Sin embargo, sabemos que las dos se leen públicamente en muchas iglesias juntamente con las demás." (Hist. Ecl., II, 23).

El Jacobo destacado en Hechos y Gálatas propugna el cumplimiento estricto de los requisitos ceremoniales de la ley judía. Pero la epístola de Santiago se refiere a la ley de forma muy distinta. La llama "ley de la libertad" (1:25) y se refiere a la acción piadosa como obras de caridad y misericordia (1:27; 2:15-16), no un conjunto de actos legales. Su crítica a la identificación entre justificación y creencia religiosa no procede del legalismo judaizante, sino del énfasis en la fe cristiana como estilo de existencia, como acción y conducta de solidaridad interpersonal.

El escrito, además, parece provenir de algunas décadas posteriores al martirio del "hermano del Señor", acontecido probablemente en el año 62. El primer versículo, en su mención de la diáspora o dispersión,

---

[61] Se alegó base bíblica mediante una hábil exégesis integradora de Mateo 27:56 y sus paralelos, que mencionan a una "María la madre de Jacobo", con Juan 19:25, y su alusión a María, "la hermana de su madre" [la madre de Jesús]. De esa forma, se alega, Jacobo/Santiago resultaría ser hijo de una hermana de la madre de Jesús, que también se llamaría María. En el fondo, el razonamiento es dogmático, no hermenéutico. Procede de la prioridad teológica que la comunidad cristiana otorgó, influida por tendencias ascéticas helenísticas, a la virginidad y el celibato sobre la sexualidad y el matrimonio.

sugiere que se redactó después de la destrucción de Jerusalén por los ejércitos romanos, ocurrida el año 70. Aunque no hay unanimidad al respecto, buena parte de los eruditos tienden a señalar el último decenio del primer siglo de nuestra era como el momento de su redacción.

Finalmente, el griego de la epístola es uno de los más elegantes del Nuevo Testamento, lo cual no cabría de esperarse del Jacobo de Jerusalén, quien, por su origen social y su apego a las tradiciones hebreas, es muy dudoso se haya dedicado a pulir la destreza literaria de una lengua gentil. Así que probablemente se trata de un autor que usó como pseudónimo el nombre de Santiago. Esto era procedimiento común en la literatura de la época y ha ocasionado innumerables dolores de cabeza a los intérpretes del Nuevo Testamento (e. g., la Epístola a los Hebreos, por mucho tiempo considerada de Pablo, hoy casi unánimemente adscrita a un autor anónimo que asume literariamente al apóstol de los gentiles).

Enigmática es también la alusión a los destinatarios: "a las doce tribus que están en la dispersión (*diasporâ*)". Algunos intérpretes ven aquí la clave para entender que se trata de un escrito dirigido a todo el judaísmo arrojado de su tierra de origen por causas bélicas. Esta hipótesis es difícil de sostener. La epístola supone unos receptores cristianos (2:1, "vuestra fe en nuestro glorioso Señor Jesucristo..."). El uso, sin embargo, del vocablo *synagogé* ("sinagoga") para referirse a la asamblea cúltica (2:2: "si en vuestra congregación [*synagogén*] entra...") revela el origen judío de esos cristianos. Es la única ocasión que ese término se utiliza con dicha acepción en las epístolas del Nuevo Testamento.

Se trata, por consiguiente, de un mensaje enviado a los cristianos de origen judío que han participado también del destierro forzoso (muchos habían salido de Jerusalén antes de su destrucción, huyendo del celo nacionalista judío, el cual había provocado, entre otras, la ejecución de Jacobo, "el hermano del Señor"). Estos judíos cristianos se habían adaptado rápidamente a su medio ambiente cultural, incluyendo el uso del griego como idioma literario.

La epístola se dirige, por tanto, a comunidades dispersas que sufren un doble desarraigo. Son de origen nacional judío, miembros de un pueblo en diáspora, alejados de su tierra original por la fuerza de las armas. Para ellos, la ensalzada *pax romana* ha mostrado su aterradora faz de violencia y dominio. Pero, son judíos *cristianos*, menospreciados por sus coterráneos y declarados delincuentes por las leyes del imperio. Perseguidos por sus compatriotas y por los agentes metropolitanos, la comunidad de creyentes, la *synagogé/ekklesía*, se convierte en su nueva patria y en la fuente de identidad personal.

Una preocupación satura al autor. Cree ver signos de decadencia espiritual en estos creyentes. En la llamada era postapostólica detecta matices y rasgos de cierta dejadez en la vida religiosa, de los inicios de un reajuste a la vida profana, de lo que llama "amistad del mundo" (4:4). La epístola en su totalidad refleja la intensidad de esa preocupación, que puede tildarse de conservadora, pues procede del temor de que la severa disciplina de devoción espiritual, propia de la comunidad apostólica de Jerusalén, esté comenzando a diluirse, y del deseo de que mediante la amonestación moral pueda preservarse.

Doblemente desarraigados, son víctimas de las tensiones y dilemas que sufre todo pueblo en ese tipo de circunstancia. La adaptación al medio ambiente, la "amistad del mundo", podría resolver esas tensiones y dilemas, pero sólo al costo de la pérdida de identidad propia y de su radical novedad de vida. Contra esa tentación escribe con vigor el autor de la epístola.

Pobres y ricos: Denuncia y esperanza.

La preocupación mayor de Santiago, la que suscita en su escrito matices profundos de indignación y provoca las afirmaciones más interesantes y desafiantes, que rememoran pasajes airados de los profetas veterotestamentarios y múltiples dichos de Jesús, tiene que ver con la introducción en las congregaciones cristianas de los privilegios que la sociedad generalmente otorga a los ricos, de la sutil asimilación de la discriminación común a favor de los pudientes y contra los menesterosos.

Santiago 2:2-3 contrasta con una mirada muy crítica la alegría eclesiástica por la conversión de personas de dinero y prestigio social con la creciente indiferencia ante la suerte de los desamparados y menesterosos, los pobres.

> "En vuestra congregación entra una persona con anillo de oro y ropa espléndida, y también entra un pobre con vestido andrajoso, y miráis con agrado al que trae la ropa espléndida y

le decís: 'Siéntate tú aquí en buen lugar'; y decís al pobre: 'Quédate tú allí de pie', o 'Siéntate aquí en el suelo'...

Tal preocupación parece inicialmente proceder de una aparente igualdad humana ante Dios, libre de distinciones sociales y económicas: "Que vuestra fe en nuestro glorioso Señor Jesucristo sea sin acepción de personas... pero si hacéis acepción de personas, cometéis pecado..." (2:1,9). Pero, pronto adquiere una faz más radical, de evidente predilección por los pobres y repudio a las riquezas. Son textos de difícil reto a las iglesias de hoy, que, en su gran mayoría, son organizaciones con relativo poderío financiero.

"Hermanos míos amados, oíd: ¿No ha elegido Dios a los pobres de este mundo, para que sean ricos en fe y herederos del reino que ha prometido a los que lo aman? Pero vosotros habéis afrentado al pobre..." (2:5-6). El texto es provocador y desafiante. Me parece, además, que es de extrema importancia para uno de los problemas exegéticos más agudos del Nuevo Testamento - la diferencia entre las bienaventuranzas de Mateo y Lucas.

Ambos pasajes evangélicos inician unas palabras de Jesús que tradicionalmente se titulan "las bienaventuranzas". El texto de Mateo reza: "Bienaventurados los **pobres en espíritu**, porque de ellos es el reino de los cielos" (5:3). El de Lucas: "Bienaventurados vosotros los **pobres**, porque vuestro es el reino de Dios" (6:20).

No hay manera de glosar artificialmente la diferencia. "Pobres" no equivale necesariamente a "pobres en espíritu". De todas las distinciones entre los paralelos evangélicos ésta es la de mayor contenido teológico y la que suscita más páginas de controversia aguda entre los intérpretes. No todos, sin embargo, han notado la evidente semejanza entre el texto lucano y Santiago 2:5. En ambos se da la famosa estructura de inversión típica del Evangelio de Lucas (iniciada por el cántico de María, tradicionalmente llamado *Magníficat* - Lucas 1:51-53: "Quitó de los tronos a los poderosos, y exaltó a los humildes. A los hambrientos colmó de bienes, y a los ricos envió vacíos..."), y la predilección por los pobres, en detrimento de los ricos (Lucas es el único que contiene las parábolas del "rico insensato" [12:13-21] y de "Lázaro y el rico" [16:19-31]).

Esta semejanza en la inversión social provocada por el reino de Dios se muestra también al compararse a Santiago 4:6 con el cántico lucano de María. La epístola afirma: "Dios resiste a los soberbios (*uperefánois*), y da gracia a los humildes (*tapeinoís*)"; el *Magníficat*, por su parte, asevera: "Esparció a los soberbios (*uperefánous*)... y exaltó a los humildes (*tapeinoús*)" (Lc. 1:51,52). La coincidencia en una misma oración de dos palabras (*uperéfanos* y *tapeinós*) no comunes en el Nuevo Testamento (la primera aparece cinco veces; la segunda ocho) expresa una semejanza textual que, a su vez, revela una profunda familiaridad conceptual.

Santiago es vigoroso en su provocadora aseveración sobre la predilección divina por los pobres: Dios ha elegido a los pobres de este mundo. El verbo elegir (en griego, *eklégomai* y sus diversas conjugaciones) se reviste en el Nuevo Testamento de mucha gravedad teológica. Expresa la acción divina de rescatar lo perdido y menospreciado, prefiriéndolo sobre lo socialmente favorecido. Pablo lo utiliza tres veces en la Primera Epístola a los Corintios (1:27-28) para indicar, quizás con mayor profundidad, una idea similar a la de Santiago: Dios ha escogido lo que el mundo menosprecia, en preferencia de lo que éste valora positivamente (necio/sabio, débil/fuerte, vil y despreciado/implícito: noble y apreciado). En resumen, concluye Pablo: Dios ha elegido **lo que no es**, en preferencia de **lo que es** (es decir, lo que el mundo rechaza y no lo que elogia).

A la elección divina de los pobres, tal cual se expresa en la primera bienaventuranza como la recuerdan Lucas y Santiago, añade la epístola otro argumento: Son las personas de prestigio social y poderío económico los que alimentan las persecuciones contra los creyentes. "¿No os oprimen los ricos, y no son ellos los mismos que os arrastran a los tribunales? ¿No blasfeman ellos el buen nombre que fue invocado sobre vosotros?" (2:6-7).[62]

La persecución de los cristianos en el imperio romano era de carácter legal. Generalmente se iniciaba con una acusación formal ante un tribunal. A tal proceso no se prestaba el populacho, que en Roma, como en todos lugares, recelaba de las cortes de justicia, sino las clases

---

[62] "[E]l buen nombre que fue invocado sobre vosotros". Esta frase parece referirse a una fórmula litúrgica cristológica utilizada inicialmente en el bautismo (cf. Hechos 2:38; 8:16; 10:48). Más tarde se adoptó la fórmula trinitaria que propugna Mateo 28:19. Santiago 2:7 es otra muestra de las raíces del autor en la comunidad apostólica de Jerusalén.

pudientes, que poseían los medios, la influencia y el apego a los tribunales (el campo legal era uno de los favoritos de sus integrantes). En ese proceso se blasfemaba el nombre de Jesús, invocado en el acto litúrgico del bautismo.

El cuestionamiento de la riqueza es uno de los factores constantes en el mensaje de Santiago. Es peculiar, por ejemplo, la manera como interpreta la analogía, típica del Antiguo Testamento, de la precariedad de la existencia humana como flor silvestre efímera (Salmo 103:14-16; Isaías 40:6-8). Santiago aplica esta metáfora bíblica de la fragilidad humana a la posesión de riquezas: "El que es rico... pasará como la flor de la hierba. Cuando sale el sol con calor abrasador, la hierba se seca, su flor se cae, y perece su hermosa apariencia; así también se marchitará el rico en todas sus empresas" (1:10-11).

Igualmente, al final del cuarto capítulo, la aseveración que la vida es como "neblina que se aparece por un poco de tiempo, y luego se desvanece" (4:14), se convierte en censura a las empresas lucrativas, al esfuerzo dedicado a la adquisición de riquezas. "¡Vamos ahora! los que decís: Hoy y mañana iremos a tal ciudad, y estaremos allá un año, y traficaremos, y ganaremos... Toda jactancia semejante es mala..." (4:13,16).

Santiago intenta preservar en la comunidad cristiana el espíritu de austeridad y sencillez que se expresó en diversas afirmaciones de Jesús recogidas, sobre todo, en el Evangelio según Lucas ("guardaos de toda avaricia; porque la vida del ser humano no consiste en la abundancia de los bienes que posee" [Lc. 12:15]; "¡cuán difícilmente entrarán en el reino de Dios los que tienen riquezas! Porque es más fácil pasar un camello por el ojo de una aguja, que entrar un rico en el reino de Dios" [Lc. 18:24-25]).

También la Primera Epístola a Timoteo expresa esta actitud al aseverar rigurosamente: "Los que quieren enriquecerse caen en tentación y lazo, y en muchas codicias necias y dañosas, que hunden a los seres humanos en destrucción y perdición; porque raíz de todos los males es el amor al dinero" (6:9-10). Uno de los escritos cristianos más importantes de inicios del segundo siglo, el *Pastor de Hermas*, conserva ese mismo espíritu de desconfianza a la riqueza: "Los ricos de este siglo, a no ser que sean cercenadas sus riquezas, no pueden ser útiles al Señor" (Libro I, VI, 6).

Lo que ciertamente es único a la epístola de Santiago es el profético y denunciatorio análisis de la acumulación lucrativa como fruto de la explotación del trabajo del pobre, que se encuentra en los primeros seis versículos del quinto capítulo. La intensidad de la denuncia amerita citar el texto extensamente.

> "¡Vamos ahora, ricos! Llorad y aullad por las miserias que os vendrán. Vuestras riquezas están podridas, y vuestras ropas están comidas de polilla. Vuestro oro y plata están enmohecidos; y su moho testificará contra vosotros, y devorará del todo vuestras carnes como fuego. Habéis acumulado tesoros para los días postreros. He aquí, clama el jornal de los obreros que han cosechado vuestras tierras, el cual por engaño no les ha sido pagado por vosotros; y los clamores de los que habían segado han entrado en los oídos del Señor de los ejércitos. Habéis vivido en deleites sobre la tierra, y sido disolutos; habéis engordado vuestros corazones como en el día de matanza. Habéis condenado al justo, y él no os hace resistencia."

Este texto parece ser un intento de explicar las palabras de Jesús antes citadas. La dificultad de un rico entrar al reino de Dios, asevera Santiago, estriba en el origen típico de la riqueza, como acumulación de trabajo no remunerado. "Toda propiedad es un robo" diría el revolucionario francés Pedro José Proudhon en el siglo diecinueve (véase su libro *¿Qué es la propiedad?*, de 1840). Algo similar es el pensamiento de Santiago: la riqueza procede del saqueo del trabajo de quien necesita un jornal para obtener su pan cotidiano.

La epístola no establece distinciones. Contrario a nuestro "sentido común" no diferencia entre ricos "malos" y "buenos". Su denuncia es genérica y categórica. La diatriba se transforma en promesa/amenaza de inversión escatológica (al final de la historia). Los pobres, ha dicho antes (2:5), serán "ricos en fe y herederos del reino... prometido". Los ricos, habituados a deleites y placeres, serán consumidos por el dolor y la ruina.

Esta inversión tiene dos causas, que ya hemos mencionado pero, para redondear el pensamiento, debemos reiterar. La primera es que la riqueza se nutre de su opuesto, de la pobreza. O, dicho en términos más precisos, la riqueza es la acumulación del trabajo no remunerado de los que para sobrevivir se ven obligados a vender su fuerza de trabajo a precios inferiores a su verdadero valor. La segunda es que Dios, para que nadie se gloríe, ha elegido a la escoria del mundo, en preferencia de los "prestigiosos".

La riqueza no es señal de la gracia divina, sino de la codicia humana. Los ricos no han acumulado bienes gracias a su excepcional moralidad o sus esfuerzos propios. Su riqueza se nutre de la expoliación de los desamparados. Expresa la violencia institucional de las sociedades divididas entre propietarios y desposeídos.

Esa violencia institucional se manifiesta en una terrible injusticia: "Habéis condenado y dado muerte al justo, y él no os hace resistencia" (5:6). ¿Quién es este "justo", condenado y ejecutado, sin resistirse? Algunos intérpretes ven aquí una alusión a la corrupción de los tribunales, cómplices a veces de la expropiación de pequeños propietarios o de los triunfos legales de poderosos contra débiles, algo similar a lo que algunos profetas del Antiguo Testamento reprueban (Amós 5:12), por violar la ordenanza divina manifestada en el pentateuco: "No pervertirás el derecho de tu mendigo en su pleito... y no matarás al inocente y justo; porque yo no justificaré al impío" (Éxodo 23:6-7).

Esa interpretación me parece insuficiente. La referencia, en mi opinión, es más bien de índole cristológica. **El "justo" que no resistió su ejecución es Jesús.** "Justo" (el mismo vocablo griego, *díkaios*) es el calificativo que en varios momentos de su arresto y pasión se le adjudica (Mateo 27:19; Lucas 23:47). Jesús fue el pobre ("Las zorras tienen guaridas, y las aves de los cielos nidos; mas el Hijo del Hombre no tiene donde recostar su cabeza" [Mateo 8:20 y Lucas 9:58]) que no resistió su condena y ejecución por la conjunción de los israelitas poderosos y las autoridades romanas.

Esta interpretación cristológica de Santiago 5:6, como una referencia a Jesús, explica la transición del próximo versículo a la *parousía* culminadora de la historia. "Por tanto, hermanos, tened paciencia hasta la venida (*parousía*) del Señor". Jesús, el pobre/justo que no resistió su condenación y ejecución, retornará pronto. "La venida (*parousía*) del Señor se acerca... el Juez ya está delante de la puerta" (5:8-9). El justo vendrá otra vez, ahora como juez. Su retorno conllevará la ruina de los ricos y la bendición de los pobres.

Esta intensa esperanza escatológica, la convicción de que el final/juicio de la historia es inminente es la clave para la exhortación a la *paciencia* que sorprendentemente sigue a la denuncia profética. "Tened paciencia hasta la venida del Señor... Tened también vosotros paciencia... porque la venida del Señor se acerca" (5:7-8). La exhortación a la paciencia se repite casi cacofónicamente: "Hermanos míos, tomad como ejemplo de aflicción y paciencia a los profetas... Habéis oído de la paciencia de Job..." (5:10-11). La diatriba contra los ricos no conduce al fervor revolucionario.

No se trata de una moderación de la crítica, sino de la convicción de la impertinencia de los movimientos de transformación social ante la cercanía del final/juicio del mundo. El Cristo que retorna es el protagonista de la culminación de la historia. En sus manos está la sentencia contra los ricos y la redención de los pobres y oprimidos.

¿Qué corresponde hacer a los creyentes? Deben preservarse de la "amistad del mundo", evitando que sus congregaciones reflejen la preferencia mundana por las riquezas y laborando ("como el labrador espera el precioso fruto de la tierra, aguardando con paciencia..." [5:7]) para que el Señor cuando retorne encuentre una cosecha amplia y sustanciosa.

Resulta errado interpretar la exhortación de Santiago a la paciencia fuera de ese contexto comunitario de esperanza escatológica. De así hacerse, la religiosidad se convertiría en lo que Karl Marx llamó "opio del pueblo", un aquietador de la denuncia profética y de las aspiraciones de justicia. La paciencia de Santiago, como la del labrador, se dirige hacia un futuro histórico próximo, no a una postergación indefinida ni a la vida después de la muerte. La esperanza de su paciencia es la de una transformación cósmica universal cuyo acontecer no tardará. La mención a Job no es sólo a sus dolorosos sufrimientos, también se refiere a su final alegre. Sólo que la felicidad postrera de Job no se debió principalmente a sus virtudes personales, sino a que "el Señor es muy misericordioso y compasivo" (5:11) con los que padecen.

Dicho todo lo anterior, el problema no desaparece, más bien se agudiza. El pronto retorno de Cristo, esperado por Santiago y por la comunidad cristiana inicial, no se materializó. La historia sigue marcada por la división entre ricos y pobres, entre naciones extremadamente poderosas y otras en las que millones de personas padecen inhumana miseria. Las iglesias, las congregaciones que invocan al pobre/justo que no tenía donde reclinar su cabeza, son instituciones importantes de sociedades en las que impera como motivación central la producción de ganancias, el lucro. Estamos en un medio de una crisis global en la cual, como recientemente ha sentenciado el papa Francisco, padecemos un sistema económico en el que…

> "todo entra dentro del juego de la competitividad y de la ley del más fuerte, donde el poderoso se come al más débil. Como consecuencia de esta situación, grandes masas de la población se ven excluidas y marginadas: sin trabajo, sin horizontes, sin salida. Se considera al ser humano en sí mismo como un bien de consumo, que se puede usar y luego tirar. Hemos dado inicio a la cultura del 'descarte'… Ya no se trata simplemente del fenómeno de la explotación y de la opresión, sino de algo nuevo: con la exclusión queda afectada en su misma raíz la pertenencia a la sociedad en la que se vive, pues ya no se está en ella abajo, en la periferia, o sin poder, sino que se está fuera. Los excluidos no son 'explotados' sino 'desechos', 'sobrantes'…"[63]

El desafío de las comunidades de actuales creyentes es recuperar el espíritu profético y evangélico de Santiago, su amonestación a la rectitud ética, a las obras de solidaridad y compasión, y la identificación con los menesterosos de la tierra en un contexto histórico radicalmente distinto, y en esa nueva circunstancia existencial aprender el significado crucial de esperar con paciencia activa y liberadora el retorno del justo/pobre, aquel que no resistió su condena y ejecución, esta vez como el justo/juez.

Ese horizonte escatológico, de esperanza en el que viene, revela en su raíz la fragilidad de la existencia ("como la flor de la hierba" y "neblina que… se desvanece"), pero también la labor a realizar ("como el labrador"), la "obra completa" que cumple "la perfecta ley, la de la libertad" y que puede concluir serenamente en la dialéctica bíblica de paz y justicia: "El fruto de la justicia se siembra en paz para aquellos que hacen la paz" (3:18).

---

[63] Papa Francisco, *Evangelii Gaudium* (Vaticano, 24 de noviembre 2013), par. 53.

Al mismo tiempo que Lutero menospreciaba a Santiago, Bartolomé de Las Casas, el fraile dominico defensor de los indígenas americanos, señaló la importancia del pensamiento de esta epístola sobre la centralidad evangélica de las acciones concretas de compasión y solidaridad. En su obra *Del único modo de atraer a todos los pueblos a la verdadera religión* (c. 1538), citando el tratado del siglo quinto *Sobre la vida cristiana* (*De vita christiana*), entonces atribuido a San Agustín afirma lo siguiente:

> "¿Acaso tienes por cristiano al que oprime al miserable, al que grava al pobre, al que codicia las cosas ajenas, al hombre que, para enriquecerse, reduce a muchos a la indigencia, al que se goza con ganancias ilícitas, al que tiene sus alimentos a costa de los trabajos de otros, al que se enriquece con la ruina de los miserables...?
>
> Es cristiano el que es misericordioso con todos; el que se conmueve con las injurias que a cualquiera se hacen; el que, estando presente, no permite que se oprima al pobre; el que ayuda a los miserables; el que con frecuencia socorre a los indigentes; el que se aflige con los afligidos; el que siente el dolor ajeno como el suyo propio... 'Cualquiera, pues, que quiere ser amigo del mundo, se constituye en enemigo de Dios' (Santiago 4:4)."[64]

Santiago, espero que estas reflexiones lo hayan podido mostrar, es ciertamente una epístola repleta de trigo, no de paja.

---

[64] *Del único modo de atraer a todos los pueblos a la verdadera religión*. México, D. F.: Fondo de Cultura Económica, 1942, pp. 447-451.

XENOFILIA O XENOFOBIA: UNA TEOLOGÍA ECUMÉNICA DE LA MIGRACIÓN

> "¡Levanta la voz por los que no tienen voz!
> ¡Defiende los derechos de los desposeídos!
> ¡Levanta la voz, y hazles justicia!
> ¡Defiende a los pobres y necesitados!"
> *Proverbios 31:8-9*

> "To survive the Borderlands
> You must live sin fronteras
> Be a crossroads."
> *Borderlands/La Frontera: The New Mestiza*
> Gloria Anzaldúa[1]

Un inmigrante arameo

La primera confesión de fe de la Biblia comienza con una historia de peregrinación y migración: "Mi padre fue un arameo errante y descendió a Egipto y residió allí, siendo pocos en número..." (Deuteronomio 26:5). Podríamos preguntarnos: ¿Ese "arameo errante" y sus hijos tenían los "documentos legales" requeridos para residir en Egipto"? ¿Eran acaso "extranjeros ilegales"? ¿Tenían él y sus hijos las credenciales de la seguridad social egipcia? ¿Hablaban de forma fluida y correcta el idioma egipcio?

Al menos sabemos que él y sus hijos fueron extranjeros en el seno de un poderoso imperio y que fueron explotados y marginados. Este es el destino de muchos inmigrantes. Dados sus escasos recursos, normalmente se les obliga a ejercer los trabajos domésticos menos

---

[1] Gloria Anzaldúa, *Borderlands/La Frontera: The New Mestiza* (San Francisco: Aunt Lute Books, 1999, orig. 1987), 217.

prestigiosos y más extenuantes. Pero al mismo tiempo, despiertan la típica paranoia esquizofrénica de los imperios, poderosos pero temerosos hacia el extranjero, hacia el "otro", especialmente si ese "otro" vive dentro sus fronteras y llega a ser numeroso. Hace más de medio siglo, Franz Fanon describió de forma brillante la peculiar mirada de la población blanca francesa ante la creciente presencia de negros africanos y caribeños en su entorno nacional[2]. Desprecio y miedo se entrelazaban en esta visión.

La historia bíblica continúa: "Y los egipcios nos maltrataron y nos afligieron y pusieron sobre nosotros dura servidumbre. Entonces clamamos al Señor, el Dios de nuestros padres, y el Señor oyó nuestra voz y vio nuestra aflicción, nuestro trabajo y nuestra opresión." (Deuteronomio 26:6-7). Tan importante fue esta historia de migración, esclavitud y liberación para el pueblo bíblico de Israel que se convirtió en el centro de una celebración litúrgica anual de recuerdo y gratitud. La ya citada afirmación de fe se recitaba solemnemente cada año en la liturgia de acción de gracias en la fiesta de la cosecha. Se recuperaba, de este modo, la memoria herida de las aflicciones y de las humillaciones sufridas por un pueblo inmigrante, extranjero en medio de un imperio; el recuerdo de su duro y arduo trabajo, del rechazo y del desprecio tan frecuentes para los extraños y extranjeros que poseen una pigmentación de la piel, una lengua, religión o cultura diferentes. Pero era también la memoria de los actos de liberación, en los que Dios escuchaba los dolorosos gritos del sufrimiento de los inmigrantes. Y el recuerdo de otro tipo de migración, en búsqueda de una tierra donde pudiesen vivir en libertad, paz y justicia.

Xenofilia: hacia una teología bíblica de la migración

La migración y la xenofobia son dilemas sociales globales muy serios. Pero también expresan urgentes retos para la sensibilidad ética de las personas religiosas y de buena voluntad. El primer paso que debemos dar es percibir este asunto desde la perspectiva de los migrantes para prestar una cordial atención (esto es, desde lo profundo de nuestro corazón) a sus historias de sufrimiento, esperanza, coraje, resistencia, ingenuidad y, como tan frecuentemente sucede en las zonas

---

[2] Franz Fanon, *Peau Noir, Masques Blancs* (Paris: Éditions du Seuil, 1952).

salvajes del sudoeste americano, muerte.³ Muchos de los emigrantes ilegales terminan siendo unos *nadies*, en el apropiado título del libro de John Bowe, *gente desechable*, en la atinada frase de Kevin Bales, o como Zygmunt Bauman patéticamente nos recuerda, *vidas desperdiciadas*.⁴ Son los actuales siervos los nuevos *metoikoi, douloi*. Su terrible situación no puede ser captada sin considerar el aumento significativo de las desigualdades globales en estos momentos de desregularización internacional de la hegemonía financiera. Para muchos seres humanos la terrible alternativa se encuentra entre la miseria en su tierra tercermundista y la marginalidad en el rico Oeste/Norte, ambos funestos destinos íntimamente ligados.⁵

La situación se ha agravado agudamente con el éxodo de decenas de miles de niños y niñas que al intentar escapar de la miseria y la violencia imperantes en El Salvador, Honduras, Guatemala y México, se exponen a las inclemencias de las pandillas traficantes de seres humanos, los "coyotes", para, al final de ese arduo y peligroso peregrinaje, enfrentar la detención, el escarnio y la deportación en la frontera sureña de los Estados Unidos. Su desesperada situación se ha convertido en una crisis humanitaria de dimensiones épicas.⁶

---

³ Ver el conmovedor artículo de Jeremy Harding, "The Deaths Map," *London Review of Books*, Vol. 33, No. 20, 20 October 2011, 7-13.

⁴ John Bowe, *Nobodies: Modern American Slave Labor and the Dark Side of the New Global Economy* (New York: Random House, 2007); Kevin Bales, *Disposable People: New Slavery in the Global Economy* (Berkeley, CA: University of California Press, 2004); Zygmunt Bauman, *Wasted Lives: Modernity and Its Outcasts* (Cambridge: Polity, 2004).

⁵ Branko Milanovic, "Global Inequality and the Global Inequality Extraction Ratio: The Story of the Past Two Centuries," (The World Bank, Development Research Group, Poverty and Inequality Group, September 2009); Peter Stalker, *Workers Without Frontiers: The Impact of Globalization on International Migration* (Geneva: International Labor Organization, 2000).

⁶ Elizabeth Kennedy, *No Childhood Here: Why Central American Children Are Leaving Their Homes* (Perspectives on Immigration: American Immigration Council, July 2014), accessed July 5 2014 in www.immigrationpolicy.org /sites/default/files/docs/no_childhood_here_why_central_american_c hildren_are_fleeing_their_homes_final.pdf, *Mission to Central America: The Flight of Unaccompanied Children to the United States*, Report of the Committee on Migration of the United States Conference of Catholic Bishops, November 2013, accessed July 5 2014 in

Comenzamos esta reflexión con la memoria litúrgica de un tiempo en el que el pueblo de Israel era extranjero en medio de un poderoso imperio, una comunidad socialmente explotada y culturalmente despreciada. Fue el peor de los tiempos. También se convirtió en el mejor de los tiempos: tiempo de liberación y redención de la esclavitud. Esta memoria formó parte de la sensibilidad de la nación hebrea. Su vulnerabilidad histórica fue un recordatorio de su impotencia pasada como inmigrantes en Egipto, pero también conllevó reto ético de preocuparse por los extranjeros en Israel.[7]

La preocupación por los extranjeros llegó a ser un elemento clave de la Torah, el pacto de justicia y rectitud entre Yahvé e Israel. "Cuando un extranjero resida con vosotros en vuestra tierra, no lo maltrataréis. El extranjero que resida con vosotros os será como un nacido entre vosotros, y lo amarás como a ti mismo, porque extranjeros fuisteis vosotros en la tierra de Egipto; yo soy el Señor vuestro Dios." (Levítico 19:33s); "No oprimirás al extranjero, porque vosotros conocéis los sentimientos del extranjero, ya que vosotros también fuisteis extranjeros en la tierra de Egipto." (Éxodo 23:9); "Porque el Señor vuestro Dios es Dios de dioses… Él hace justicia al huérfano y a la viuda, y muestra su amor al extranjero dándole pan y vestido. Mostrad, pues, amor al extranjero, porque vosotros fuisteis extranjeros en la tierra de Egipto." (Deuteronomio 10:17ss); "No oprimirás al jornalero pobre y necesitado, ya sea uno de tus conciudadanos o uno de los extranjeros que habita en tu tierra y en tus ciudades… No pervertirás la justicia debida al forastero… sino que recordarás que fuiste esclavo en Egipto y que el Señor tu Dios te rescató…" (Deuteronomio 24:14,17-18). Las doce maldiciones con las que, según Deuteronomio 27, Moisés instruye a los israelitas para la proclamación litúrgica en su entrada a la tierra prometida incluye la trilogía de los huérfanos, las viudas y los extranjeros como recipientes privilegiados de la solidaridad

---

www.usccb.org/about/migration-policy/upload/Mission-To-Central-America-FINAL-2.pdf, and *Children in Danger: A Guide to the Humanitarian Challenge at the Border* (Immigration Policy Center, American Immigration Council, July 2014) accessed July 13 2014 in www.immigrationpolicy.org/special-reports/children-danger-guide-humanitarian-challenge-border.

[7] José E. Ramírez Kidd, *Alterity and Identity in Israel: The "ger" in the Old Testament* (Berlin: De Gruyter, 1999).

y compasión colectivas: "Maldito el que pervierta el derecho del forastero, del huérfano y de la viuda" (Deuteronomio 27:19).

Los profetas reprenden constantemente a las élites de Israel y Judá por su injusticia social y su opresión de la población vulnerable. ¿Quiénes eran estas personas vulnerables? Los pobres, las viudas, los huérfanos y los extranjeros. "… los príncipes de Israel… han estado aquí para derramar sangre… trataron con violencia al extranjero y en ti oprimieron al huérfano y a la viuda" (Ezequiel 22:6s). Después de condenar, con las palabras más duras posibles la apatía y la religiosidad del templo en Jerusalén, el profeta Jeremías, en el nombre de Dios, presenta la siguiente alternativa: "Así dice el Señor: si en verdad hacéis justicia… y no oprimís al extranjero, al huérfano y a la viuda…" (Jeremías 7:6). Criticó con duras palabras admonitorias al rey de Judá: "Así dice el Señor: Practicad el derecho y la justicia, y librad al despojado de manos de su opresor. Tampoco maltratéis ni hagáis violencia al extranjero, al huérfano o a la viuda… Pero si no obedecéis estas palabras, juro por mí mismo –dice el Señor- que esta casa vendrá a ser una desolación" (Jeremías 22:3, 5). El profeta pagó un costoso precio por tan temerarias admoniciones.

La orden divina de amar a los residentes temporales y a los extranjeros emerge de dos fundamentos.[8] Uno, ya mencionado, es que los israelitas han sido extranjeros en una tierra que no era la suya ("porque vosotros fuisteis extranjeros en la tierra de Egipto") y debían, por tanto, ser muy sensibles a la amarga angustia existencial de las comunidades que viven en una nación cuyos habitantes hablan una lengua diferente, veneran deidades diferentes, comparten distintas tradiciones, y conmemoran diferentes eventos históricos fundamentales. El amor y el respeto hacia el extranjero y el forastero es, en estos textos bíblicos, una dimensión esencial de la identidad nacional de Israel. Pertenece a la naturaleza misma del pueblo de Dios.

Una segunda fuente de preocupación hacia los forasteros inmigrantes tiene que ver con la forma de ser y actuar de Dios en la

---

[8] José Cervantes Gabarrón, "El inmigrante en las tradiciones bíblicas", en José A. Zamora (coord.), *Ciudadanía, multiculturalidad e inmigración* (Navarra, España: Editorial Verbo Divino, 2003), 262.

historia: "El señor protege a los extranjeros" (Salmo 146:9),⁹ "Él hace justicia al huérfano y a la viuda, y muestra su amor al extranjero…" (Deuteronomio 10:18). Dios interviene en la historia favoreciendo a los más vulnerables: los pobres, las viudas, los huérfanos y los extranjeros. "Seré un testigo veloz contra… los que oprimen al jornalero en su salario, a la viuda y al huérfano, contra los que niegan el derecho del extranjero y los que no me temen, dice el Señor de los ejércitos." (Malaquías 3:5). La solidaridad con los marginados y excluidos corresponde directamente con el ser y la actuación de Dios en la historia.

Podríamos detenernos justo aquí, con estos bonitos textos de xenofilia, de amor hacia el extranjero. Pero sucede que la Biblia es un libro desconcertante. Contiene una multitud de voces inquietantes, una perpleja polifonía que frecuentemente complica nuestras hermenéuticas teológicas. Al prestar atención a muchos de los dilemas éticos clave, en la Biblia nos encontramos a menudo con perspectivas conflictivas e incluso contradictorias. Frecuentemente saltamos de nuestros laberintos contemporáneos a uno escritural siniestro y oscuro.

En la Biblia hebrea hallamos también afirmaciones con marcado y desagradable sabor de xenofobia nacionalista. Levítico 25 es normalmente leído como el texto clásico de la liberación de los israelitas que han caído en la esclavitud de las deudas. Muy elocuentemente manifiesta el famoso versículo 10: "Proclamaréis libertad por toda la tierra para sus habitantes." Pero también contiene una distinción nefasta: "En cuanto a los esclavos y esclavas que puedes tener de las naciones paganas que os rodean, de ellos podréis adquirir esclavos y esclavas. También podréis adquirirlos de los hijos de los extranjeros que residen con vosotros, y de sus familias… ellos también pueden ser posesión vuestra… Os podréis servir de ellos como esclavos…" (Levítico 25: 44-46).

Y ¿qué decir sobre el terrible destino impuesto a las esposas extranjeras (y sus hijos) en los epílogos de Esdras y Nehemías (Esdras 9-10, Nehemías 12:23-31)? Ellas fueron expulsadas, exiliadas, como

---

⁹ Esta perícopa merece ser citada en su totalidad: "El Señor abre los ojos de los ciegos, el Señor levanta a los caídos, el Señor ama a los justos. El Señor protege a los extranjeros, sostiene al huérfano y a la viuda, pero trastorna el camino de los impíos." (Salmo 146:8-9).

una fuente de impureza y de contaminación de la fe y la cultura del pueblo de Dios.[10] El rechazo de las esposas extranjeras en los textos bíblicos de Esdras y Nehemías no parece muy diferente de la xenofobia anti-inmigrantes contemporánea: aquellas esposas extranjeras tenían un legado lingüístico, cultural y religioso diferente – "De sus hijos… la mitad no podía hablar la lengua de Judá, sino la lengua de su propio pueblo. Y contendí con ellos y los maldije, herí a algunos de ellos y les arranqué el cabello" (Nehemías 13:24-25). Tampoco debemos olvidar las atroces normas sobre la guerra que prescriben para la esclavitud forzada o aniquilación de los pueblos a los que Israel encontrara en su camino hacia "la tierra prometida" (Deuteronomio 20:10-17). Estos son, de acuerdo con la correcta expresión de Phyllis Trible, "textos de terror".[11]

Este es un constante e irritante *modus operandi* de la Biblia. Vamos a ella en búsqueda de soluciones simples y claras para nuestros enigmas éticos y, sin embargo, termina exacerbando nuestra perplejidad. ¿Quién dice que la Palabra de Dios supuestamente nos facilita las cosas? ¿No hemos olvidado, sin embargo, algo crucial: Jesucristo? ¿Cuál es la postura de Cristo hacia los extranjeros?

Podemos encontrar algunas pistas de la perspectiva de Jesús en relación con los menospreciados o los extranjeros en su actitud hacia los samaritanos y en su dramática y sorprendente parábola escatológica sobre el verdadero discipulado y la verdadera fidelidad (Mateo 25:31-46). Los judíos ortodoxos menospreciaban a los samaritanos como posibles fuentes de contaminación e impureza. Pero Jesús no se inhibió en absoluto de conversar amigablemente con una mujer samaritana de dudosa reputación, derrumbando la barrera de exclusión entre judíos

---

[10] Para un cuidadoso análisis de la teología xenófoba y misógina que se esconde en Esdras y Nehemías, ver Elisabeth Cook Steicke, *La mujer como extranjera en Israel: Estudio exegético de Esdras 9-10* (San José, Costa Rica: Editorial SEBILA, 2011). Susanna Snyder compara lo que ella denomina "la ecología del miedo" ejemplificada en el rechazo de las esposas extranjeras (y sus hijos) en Esdras y Nehemías, con una "ecología de la fe", tal y como se expresa en las historias de Rut, "una mujer moabita", y la madre sirofenicia que ruega a Jesús por la sanidad de su hija. Snyder, *Asylum-Seeking, Migration and Church* (Farnham, Surrey, UK/Burlington, VT: Ashgate, 2012), 139-194.

[11] Phyllis Trible, *Texts of Terror: Literary-Feminist Readings of Biblical Narratives* (Philadelphia: Fortress Press, 1984).

y samaritanos (Juan 4:7-30). De los diez leprosos que una vez sanó Jesús, sólo uno volvió para expresar su gratitud y reverencia, y la narración del evangelio enfatiza que "era un samaritano" (Lucas 17:11-19). Finalmente, en la famosa parábola que ilustra que ilustra el importante mandamiento de "ama a tu prójimo como a ti mismo" (Lucas 10:29-37), Jesús contrasta la justicia y la solidaridad de un samaritano con la negligencia y la indiferencia de un sacerdote y un levita. La acción de un samaritano tradicionalmente menospreciado se exalta como paradigma de amor y solidaridad a ser emulada.

En la extraordinaria parábola del juicio de las naciones, del evangelio de Mateo (25:31-46), ¿quiénes son, según Jesús, los bendecidos por Dios y herederos del reino de Dios? Aquellos que a través de sus actos se preocupan por el hambriento, el sediento, el desnudo, el enfermo y los presos, que amparan con marcada solidaridad a los seres humanos más marginados y vulnerables. También son bendecidos aquellos que acogen a los extranjeros y les ofrecen hospitalidad; que son capaces de superar exclusiones nacionalistas, el racismo y la xenofobia y se atreven a abrazar y cobijar al extraño, las personas en nuestro entorno con una piel, una lengua, una cultura y unos orígenes nacionales diferentes. Ellos forman parte de la indefensión de los indefensos, de la pobreza de los pobres, en palabras del famoso Franz Fanon, "los despreciados de la tierra," o, en el poético lenguaje de Jesús, "los más pequeños."[12]

¿Por qué? Y aquí nos encontramos con una afirmación estremecedora: porque ellos, esos marginados y excluidos, en su impotencia y vulnerabilidad, constituyen la presencia sacramental de Cristo. "Porque tuve hambre y me disteis de comer; tuve sed y me disteis de beber; fui forastero y me recibisteis; estaba desnudo y me vestisteis..." (Mateo 25:35). La vulnerabilidad de los seres humanos llega a ser, de una forma misteriosa, la presencia sacramental de Cristo en nuestro entorno. Esta presencia sacramental de Cristo llega a ser, para las primeras generaciones de las comunidades cristianas, la matriz del concepto básico de hospitalidad, *philoxenia*, hacia las personas

---

[12] Ver Clark Lyda's and Jesse Lyda's moving documentary, *The Least of These* (2009).

necesitadas que no tienen un lugar donde descansar, una virtud en la que insiste el apóstol Pablo (Romanos 12:13).[13]

El autor de la carta a los Efesios proclama a las pequeñas y frágiles comunidades cristianas religiosamente despreciadas y socialmente marginadas: "Ya no sois extranjeros ni advenedizos, sino que sois conciudadanos..." (Efesios 2:19). Es posible que el autor de esta misiva tuviera en mente la peculiar visión del Israel postexílico desarrollada por el profeta Ezequiel. Ezequiel recalca dos diferencias entre el antiguo Israel y el postexílico: la erradicación de la injusticia social y la opresión ("Así mis príncipes no oprimirán más a mi pueblo" Ezequiel 45:8) y la eliminación de la distinción legal entre ciudadanos y extranjeros: "La sortearéis (la tierra) como heredad entre vosotros y los forasteros en medio de vosotros y que hayan engendrado hijos entre vosotros. Y serán para vosotros como nativos entre los hijos de Israel; se les sorteará herencia con vosotros entre las tribus de Israel. En la tribu en la cual el forastero resida, allí le daréis su herencia, declara el Señor Dios." (Ezequiel 47: 21-23).

Una perspectiva teológica ecuménica, internacional e intercultural

Se requiere contrarrestar la xenofobia que contamina el discurso público en muchas naciones occidentales, repudiando enérgicamente la exclusión del extranjero, del forastero, del "otro",[14] y, por el contrario, proponiendo y encarnando una postura existencial y eclesiástica que denominamos *xenofilia*, un concepto que incluye hospitalidad, amor y preocupación por el extranjero. En momentos de crecimiento de la globalización económica y política, cuando en megalópolis como Nueva York, Londres, Madrid o Ciudad de México convergen muchas y diferentes culturas, lenguas, memorias y legados,[15] *xenofilia* debería ser nuestro deber y vocación, como una afirmación de

---

[13] Peter Phan, "Migration in the Patristic Age," in *A Promised Land, A Perilous Journey: Theological Perspectives on Migration*, eds. Daniel G. Groody and Gioacchino Campese (Notre Dame, IN: University of Notre Dame Press, 2008), 35-61.

[14] Cf. Miroslav Volf, *Exclusion and Embrace: A Theological Exploration of Identity, Otherness, and Reconciliation* (Nashville: Abingdon Press, 1996).

[15] William Schweiker, *Theological Ethics and Global Dynamics In the Time of Many Worlds* (Malden, MA and Oxford: Blackwell, 2004).

fe no sólo de nuestra humanidad común, sino también de la prioridad ética ante los ojos de Dios de aquellos que son seres vulnerables y viven en las sombras y en los márgenes de nuestras sociedades.

Hay una tendencia entre muchos expertos y líderes públicos a entrelazar su discurso sobre los inmigrantes tratándoles principal o incluso exclusivamente como trabajadores, cuya labor podría contribuir o no al bienestar de los ciudadanos nacionales. Esta clase de discurso público tiende a objetivar y a deshumanizar a los inmigrantes. Esos inmigrantes son seres humanos, concebidos y diseñados, de acuerdo con la tradición cristiana, a la imagen de Dios. Merecen ser plenamente reconocidos como tales, tanto en la letra de la ley como en el espíritu de la praxis social. Cualquiera que sea la importancia de los factores económicos de la nación receptora, desde una perspectiva teológica ética lo crucial debe ser el bienestar existencial de los "más pequeños", de los miembros más vulnerables y marginados de la humanidad de Dios, entre los cuales se encuentran aquellos que emigran fuera de su tierra natal, constantemente escrutados por la degradante mirada de muchos ciudadanos nativos.

Una preocupación que alimenta el recelo hacia los residentes extranjeros son las posibles consecuencias para la identidad nacional, entendida como una esencia ya fijada. Este es un recelo que se ha extendido por todo el mundo occidental, propagando actitudes hostiles hacia las ya marginadas y privadas de derechos comunidades de exiliados y extranjeros, percibidas como fuentes de "contaminación cultural." Lo que se ha olvidado con esto es, primero, que las identidades nacionales son construcciones diacrónicamente constituidas mediante intercambios con personas de herencias y tradiciones culturales diferentes y, segundo, que la alteridad cultural, el intercambio social con el "otro", puede y debe ser una fuente de transformación y enriquecimiento de nuestra propia cultura nacional.

La migración es un problema internacional, una dimensión destacada de la globalización moderna.[16] La globalización implica no sólo la transferencia de recursos, productos y comercio. Es también la

---

[16] Una tarea a la que no se le ha prestado suficiente atención es la relacionada con la defensa de la firma y ratificación de las naciones ricas y poderosas de la "International Convention on the Protection of the Rights of All Migrant Workers and Members of Their Families," de 1990, que entró en vigor el 1 de julio de 2003.

movilidad de personas, una transnacionalización del trabajo migratorio, de seres humanos que toman la difícil y frecuentemente penosa decisión de abandonar a su familia y amigos en la búsqueda de un futuro mejor. Según algunos expertos, estamos en plena "era de la migración."[17] Las fronteras se transforman en puentes de comunicación humana y no sólo barreras.

La intensidad de las desigualdades sociales ha hecho de la fuerza migratoria de trabajo una cuestión crucial.[18] Esta es una situación que requiere un riguroso análisis desde: 1) un horizonte ecuménico universal; 2) un profundo entendimiento de las tensiones y malentendidos que surgen de la proximidad de las personas con tradiciones y memorias culturales diferentes; 3) una perspectiva ética que privilegie el apuro y las aflicciones de los más vulnerables como "voces sumergidas y silenciadas de extranjeros que necesitan ser descubiertos"[19]; y 4) para las comunidades e iglesias cristianas, una sólida base teológica ecuménicamente concebida y diseñada.

Las iglesias y las comunidades cristianas, por lo tanto, necesitan abordar esta cuestión desde una perspectiva ecuménica internacional e intercultural.[20] Una meta de este proceso discursivo podría ser la superación de la creciente tendencia de los países desarrollados y ricos a enfatizar la protección de los derechos civiles, entendidos exclusivamente como los derechos de sus *ciudadanos*, vis-à-vis la

---

[17] Stephen Castles and Mark J. Miller, *The Age of Migration: International Population Movements in the Modern World (Fourth Edition/Revised and Updated)* (New York and London: Guilford Press, 2009).

[18] Algunos expertos apuntan que la North American Free Trade Agreement, que entró con fuerza el 1 de enero de 1994, generó confusión en muchos segmentos de la economía mejicana y privó de su medio de subsistencia aproximadamente a 2,5 millones de pequeños granjeros y otros trabajadores que dependían del sector de la agricultura. La alternativa para muchos de ellos fue la dura decisión entre el clandestino y peligroso tráfico de drogas o pagar a los "coyotes" por la también clandestina y peligrosa travesía hacia el norte. Ben Ehrenreich, "A Lucrative War," *The New York Review of Books*, Vol. 32, No. 20, 21 October 2010, 15-18.

[19] Snyder, *Asylum-Seeking, Migration and Church*, 31.

[20] Raúl Fornet-Betancourt, ed., *Migration and Interculturality: Theological and Philosophical Challenges* (Aachen, Germany: Missionswissenschaftliches Institut Missio e.V., 2004); Jorge E. Castillo Guerra, "A Theology of Migration: Toward an Intercultural Methodology," in Groody and Campese, *A Promised Land, A Perilous Journey*, 243-270

disminución del reconocimiento de los derechos humanos de los residentes no-ciudadanos.[21] El papa Benedicto XVI en su encíclica de 2009 *Caritas in veritate*, recuerda de forma muy correcta a la comunidad global la urgente necesidad de desarrollar este tipo de perspectiva internacional y ecuménica de la inmigración:

> "[Nos] enfrentamos a un fenómeno social de proporciones trascendentales que requiere políticas internacionales de cooperación valientes con visión de futuro... Todos somos testigos del nivel de sufrimiento, el distanciamiento y las aspiraciones que acompañan al flujo de migrantes... Estos obreros no pueden ser considerados como una comodidad o como una mera fuerza de trabajo. No deberían, por tanto, ser tratados como cualquier otro factor de producción. Cada migrante es una persona humana que, como tal, está en posesión de derechos inalienables que deberían ser respetados por todo el mundo en toda circunstancia." (*Caritas in veritate*, 62)."

Permítanme concluir con unos versos de la canción del cantautor español Pedro Guerra, *Extranjeros*, que alude a las angustias y esperanzas de millones de migrantes, entre ellos los incontables centroamericanos y mexicanos que intentan llegar a Norteamérica en búsqueda de un futuro de mayor significado existencial:

> "Están por ahí, llegaron de allá
> sacados de luz, ahogados en dos
> vinieron aquí, salvando la sal
> rezándole al mar, perdidos de Dios
>
> Gente que mueve su casa
> sin más que su cuerpo y su nombre
> Gente que mueve su alma
> sin más que un lugar que lo esconde
>
> Están por aquí, cruzaron el mar
> queriendo París, buscando un papel
> llegaron de allí, vivieron sin pan

---

[21] Fernando Oliván, *El extranjero y su sombra. Crítica del nacionalismo desde el derecho de extranjería* (Madrid: San Pablo, 1998).

intentan seguir, no quieren volver

Por ser como el aire su patria es el viento
Por ser de la arena su patria es el sol
Por ser extranjero su patria es el mundo
Por ser como todos su patria es tu amor

Recuerda una vez que fuimos así
los barcos y el mar, la fe y el adiós
llegar a un lugar pidiendo vivir
huir de un lugar salvando el dolor."

Teología descolonizadora

NOTAS SOBRE EL AUTOR

Luis N. Rivera Pagán obtuvo un doctorado en filosofía, con concentración en estudios religiosos, en la Universidad de Yale (1970) e hizo estudios posdoctorales en la Universidad de Tubinga (Alemania). Es profesor emérito del Seminario Teológico de Princeton y catedrático jubilado de la Universidad de Puerto Rico y del Seminario Evangélico de Puerto Rico.

Ha escrito y editado varios libros, entre ellos: *A la sombra del armagedón: reflexiones críticas sobre el desafío nuclear* (1988), *Senderos teológicos: el pensamiento evangélico puertorriqueño* (1989), *Evangelización y violencia: La conquista de América* (1990), *A Violent Evangelism: The Political and Religious Conquest of the Americas* (1992), *Los sueños del ciervo: Perspectivas teológicas desde el Caribe* (1995), *Entre el oro y la fe: El dilema de América* (1995), *Mito exilio y demonios: literatura y teología en América Latina* (1996), *La evangelización de los pueblos americanos: algunas reflexiones históricas* (1997), *Diálogos y polifonías: perspectivas y reseñas* (1999), *Fe y cultura en Puerto Rico* (2002), *Essays From the Diaspora* (2002), *God, in your Grace... Official Report of the Ninth Assembly of the World Council of Churches* (2007, editor), *Teología y cultura en América Latina* (2009), *Peregrinajes teológicos y literarios* (2013), *Ensayos teológicos desde el Caribe* (2013), *Essays from the Margins* (2014), *Voces teológicas en diálogo con la cultura* (2017, editor) e *Historia de la conquista de América* (2021).

www.ingramcontent.com/pod-product-compliance
Lightning Source LLC
Chambersburg PA
CBHW050907160426
43194CB00011B/2316